বুক পকেটে সুখ

সমীর সরকার

ISBN 979-888591203-7

আমায় নতুন করে চলতে শিখিয়েছেন যিনি...
যার পাশে থাকায় লেখায় নতুন রসদ পেয়েছি,আমার সেই কৃষবাবুকে
উৎসর্গ করছি

বিষয়বস্তু

ভূমিকা

হয়তো সবার ধারণা বুক পকেটে টাকা ভর্তি থাকলেই জীবনের সব সুখ, গল্পের নায়ক দেবস্ব ও তাই ভাববে সর্বদা...কিন্তু গল্পের নায়িকা সাজু হাজার কষ্ট আর ঝড়ের পরেও বুঝিয়ে দিতে চাইবে-বুক পকেট টাকা হলেই লোক সুখী নয়, বুক পকেটে ভালোবাসা থাকলেই লোকে সুখী।
এই গল্পের ভূমিকা। বাকিটা গল্প পড়ে দেখতে হবে-কে জিততে পারে...টাকা নাকি ভালোবাসা? বুক পকেটে টাকা নাকি ভালোবাসা থাকলে লোক সুখী হয়?

কবি পরিচিতি

উত্তরবঙ্গের জলপাইগুড়ি জেলায় অবস্থিত, ধূপগুড়ির মধ্য বোড়াগাড়ি গ্রামে। বাবা-চন্দ্র মোহন সরকার, মা-রম্ভা দেবী।

পূর্ব মল্লিক পাড়া স্কুল ও হোস্টেল থেকে বেরোনোর পর ধূপগুড়ি কলেজে বি.এ পাশ করেছেন।

বর্তমানে বিভিন্ন প্ল্যাটফর্ম ও এফ.এম এ নিয়মিত লেখক।

১

বুক পকেটে সুখ!

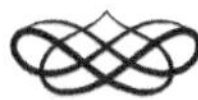

বুক পকেটে সুখ!

"ডুডুয়া ভীষন সুন্দর নদী তো সাজু।"

বৈঠায় জল ঠেলতে-ঠেলতে উজানের দিকে নিয়ে যেতে লাগলো সাজু। সামনের দিকে তাকিয়ে ছিল বলে মুখটা দেখা যায় না। শুধু দেখা যায় কোমোর অব্দি কালো ঝাঁকড়া চুল।যেগুলো জলের বাতাসে উড়ছে অল্প-অল্প দক্ষিণ থেকে উত্তরের দিকে। পড়নে হলুদ টিউলিপ ফুলের ছাপ দেয়া সবুজ সুতির শাড়ি হাঁটু অব্দি। আঁচল গুঁজে রাখা কোমড়ে। নৌকা...জল শ্যাওলার সঙ্গে মাঝেমধ্যে কচুরিপানার ভিড় ঠেলে এগোতে লাগলো। পারে নানা জঙ্গলের ফাঁকে শিমুল আর ঘোরনিম গাছই বেশি দেখা যায়। সূর্যটা পশ্চিমে ঢলে পড়ছে।

উত্তর দেবার জন্য ঘুরলো সাজু -"জানেন দেবব্র বাবু আমার না এই গেরাম, নদী,মাঠ-ঘাট নিজের মনে হয়। কুনোদিন অন্যখানে যাইবার ইচ্ছাই করে না। এত সুন্দর কি আর কোথাও আছে?

ডুডুয়ার জল, বালুচর, জঙ্গল সব যেন নিজের জীবনের সঙ্গে মেশানো।"

শ্যমবর্ন গায়ের রঙ মেয়েটার।গভীর কালো চোখের সঙ্গে অন্যরকম মায়াবী লাগে যেন এই রঙটা। থুতনির কাছে একটা ছোঁট গর্ত সৌন্দর্য দ্বিগুন বৃদ্ধি করেছে।কানের পাশে চুলে গোজা ছোঁট কয়েকটা ঘাসফুল।

-"বিয়ের পরে?তখন যাবে নাহ?" দেবব্র ফিক করে হেসে প্রশ্ন করে।

হাসলে ওর চোখদুটো আরো সরু হয়ে সুন্দর লাগে ছেলেটাকে। সাজুর গায়ের রঙের মতোই ওর গায়ের রঙ।কোঁকড়ানো একমাথা চুল,,, সামান্য

বড়ো করে রাখা। দাঁড়ি কমানো তবে গোঁফ রাখা। হাসলে বেশি সুন্দর লাগে ছেলেটাকে। ক'দিনই বা হলো বন্ধুত্বের? তাতেই কেমন মিশে গিয়েছে দুজনে। ক'দিন হলো ওদের গ্রামের অনুষ্ঠানে এসেছে দেবব্রত। ওদের সংস্থা থেকে এনেছে ওর মতো কতগুলো জোকারকে লোক হাসানোর অনুষ্ঠানের জন্য। সাজুদের বাড়ি ক্লাবঘরের সঙ্গেই। এই রাসমেলাটা ওদের ঘর ঘেঁষা।

কমিটির সঙ্গে ওদের ভালো বন্ধুত্ব। ওদের বলতে সাজু আর সাজুর ঠাম্মা হরিবালা দেবী।

সেই যেবারে বেশ ধান হয়েছিল চাষীর...সবার মুখে হাসি ফুটেছিল...সেবারেই এক প্রবল ডুবুয়ার বন্যায় ভেসে গিয়েছিল সাজুর বাবা-মা। মরে আটকে ছিল দূরে। কত লোক মরেছিল। সাজু ওর ঠাম্মার সঙ্গে আগেরদিন হরিবালা দেবীর বোনের বাড়িতে গিয়েছিল। খবর পেয়ে এসে দেখেছিল পাড়া শ্মশান হয়েছে।

আবার শোক হারিয়ে নতুন করে বাঁচছে লোকগুলো। বাঁচতে হবে তো?

জমির অবাদের পাশাপাশি সাজুর বাবা নৌকা চালাতেন। নৌকাটা লোকে কিনতে চাইলেও সাজু দেয় না। ও চালায় না...তবে পাড়ায় কোনো অথিতি এলে যদি নদী ঘুরতে চায় ও টাকা নিয়ে ঘুরায়।

আর জায়গাজমি যেগুলো আছে লোককে দিয়ে আবাদ করায় হরিবালা দেবী। তাতেই বেশ চলে দুজনের। মাধ্যমিক পাশ করে বাড়িতেই সাজু। দূর শহরে ঠাম্মি যেতে দিতে ভয় পায় পড়তে। গাঁয়ের স্কুলে টেন পাশ অব্দি যে। আর সাজুও বাড়ির কাজ সামলে আর এইসব করে বেশ আছে।

জোকার টিমটাকে কমিটি থেকে খাওয়ানোর দায়িত্ব দেয়া হয় কতগুলো বাড়িতে। কদিন থাকবে যে। সাজুদের বাড়িতে এর পড়েছে। সেই থেকেই দুজনের বন্ধুত্ব। ছেলেটার লোক হাসানো কাজটাকেই শ্রদ্ধা করে আর ভালোবাসে সাজু।

এই কাজটা কজন পারে?

দেবব্রত কর্মকার। কলকাতার একটা বস্তিতে থাকে। বাড়িতে কেউ নেই। অনাথ। চিকিৎসার অভাবে মা-বাবার মৃত্যু হয়েছিল সেই কবে এক কলেরায়। তারপর মাটি আঁকড়ে পড়ে থেকে এই সামান্য আয়ের কাজটাকেই ভালোবেসেছিল।

আর যে উপায় ছিল না। ও ছোটবেলা থেকেই লোক হাসাতো। পাড়ায় একবার অনুষ্ঠানে ওদের সংস্থার প্রধান হরিহর বাবু এসেছিলেন। ওদের পাড়ার একজন ওকে দেখিয়ে বলেছিল -"ছেলেটা ভালো লোক হাসায়।

অনাথ। আপনার কাছে কাজে নিয়ে দেখুন...
অন্তত একটা বিহিত হয়।"

তখন ষোলোর দেবব্রত। এখন পঁচিশে।

বাবা-মায়ের স্বপ্ন ছিল চাকরি করাবে। পাড়ার লোকে হাসত শুনে-'বস্তির ছেলে হবে চাকরিজীবী?'

লোকের ইচ্ছেই যেন পূর্ণ হলো।

তবে এই কাজটাও ভালো লাগে ওর। জোকার হয়ে লোক হাসায়। লোকে কাঁদাতে সবাই পারে...কিন্তু হাসাতে?

মেকআপ করা সাদা মুখটার ভুরু ওপরে লাল দাগের লম্বা ভ্রু দেয়, নাকের ওপর আর একটু লাল, আর ঠোঁট থেকে দু-পাশে গালের ওপর অদ্দি ঠোঁট আঁকে। সঙ্গে সাদা টাই কালো জ্যাকেট, কালো শু, কালো প্যান্ট। হাতে লাঠি। মাথায় টুপি।

হাসাতে সবাই পারে না। যখন ওর দৃশ্যে লোক হাসে তখন ওর বুক গর্বে ফুলে ওঠে। সত্যিই তো নিজে যন্ত্রণায় থাকলেও লোককে হাসাতে পারে।

সাজুর কাছে বৈঠা চাইলেও দেয় না সাজু। হেসে বলে -"আপনে কলকাতার লোক। পারবেন না...আমার দায়িত্ব আপনেরে গেরাম দ্যাহানি..."

-"টাকাও নেবে না। বৈঠাও দেবে না।"

-"পরে নয় শুধ কইরা দিবেন..."

-"কিভাবে?"

-"আমারে হাসিয়ে। আমার সব যন্ত্রনা ভুলে যাই আপনার জন্যে। বাবার কথা মার কথা মনে পড়ে রোজ কাঁদি...এই কদিনে আপনি যা হাসাইলেন! যদি এমন কেউ আজীবন হাসাইতো..."

পাড়ের দিকে নৌকা নেয় সাজু।

ওর দিকে তাকায় দেবব্রত। সত্যিই মেয়েটাকে ওর বলতে ইচ্ছে করে ভালোবাসার কথা...কিন্তু ও জানে ওর কাছে কখনোই ওর ঠাম্মা দেবে না। এতদূর বাড়ি, আবার জোকার! এদের থেকে লোক বিনোদন নিতে পারে...আপন করে নিতে পারে না!

আর সাজুও বন্ধু হিসেবেই ভালোবাসে। আর কিছু আশা করা যায় না।

তিনদিনে যা পেলো এটাই অনেক। কোনও সাহসে দেবব্রত ভালোবাসার কথা বলতে পারবে না। এই প্রথম কাউকে ভালো লেগেছে ওর! সত্যিই ও এখানে না এলে জানতো না-এখনো মেয়েরা শাড়ি পড়ে বিয়ের আগে, এতবড়ো চুল থাকে, নৌকা চালায়।

সত্যিই রূপকথার দেশ যেন!

-"ওই চলেন বড়ই গাছের কাছে আইছি... থায়া দ্যাখেন কত স্বাদ!"

বড়ই মানে কুল আগেই জেনেছে দেবব্রত ওর থেকে। সত্যিই কলকাতায় এতকিছু দেখেনি ও। বালুচরের ধার ঘেঁষে কত কুল গাছ। গাছ ভর্তি কাঁচা-পাকা কুল। কোনও ঝোঁপের ভেতর ঘুঘু ডাকে নিজের স্বরে।

-"কাউকে ভালোবাসোনি কখনো সাজু?"

কঞ্চিটা শক্ত করে ধরে হাসে সাজু -"ওই পাশের গায়ের পঞ্চাইতের একমাত্র পোলা বলাই। হ্যার লগেই জন্মানোর পর সব ঠিক হইসে..."

-"কিভাবে?"

-"পরে বলবনি। আচ্ছা বন্ধু আপনি যে লোক হাসান আপনারে কয়জন হাসায় আপনের কষ্টের সময়?"

থ হয়ে থাকে দেবব্রত। কথাটা বুকের কোথায় যেন গিয়ে তোলফার করে তোলে!

পর্ব-২

কুল খেয়ে ফেরার সময় নৌকা দেবব্রত নেয়। চেষ্টা করতে থাকে সাজুর কথামতো।

সাজু অবাক হয়ে ওর দিকে তাকিয়ে থাকে। দেবব্রত ওর দিকে তাকাতেই চোখ সরিয়ে নেয় সাজু। উত্তরদিকে মুখ করতেই চুলগুলো বাতাসে দক্ষিণমুখী হয়ে ওর মুখের ওপর লেপ্টে পড়ে। চুলগুলো সরানোর অন্দিও যেন সাহস রইলো না, লজ্জা যেন ওর চোখে-মুখে ভর করেছে।

-"জানো সাজু কলকাতার গ্রাম এমন নয় যদিও তবে সুন্দর..." এলোমেলো একটা কথা বলে নীরবতা ভাঙে দেবব্রত।

সূর্য ঢলে পড়ার কারণে কুয়াশার আস্তরণ অল্প-অল্প পড়ছে চতুর্দিকে। ধানগাছের ওপর, নদীর জলের উপর, সর্ষেথেতে হলুদ সর্ষে ফুলের ওপর তারই সাদা-সাদা জমে থাকা আস্তরণ।

ফিরে তাকায় সাজু অবাক হয়ে। নৌকার ওপর দুটো সর্ষেফুল পড়ে সাজুর কান থেকে -"কলকাতায় গ্রাম আছে নাকি দেব বাবু?"

হো হো করে হাসলো দেবব্রত -"কেন গ্রাম থেকে না কলকাতায়?"

-"সত্যি বলেন না! আমরা জানি পুরো কলকাতা শুধু শহর। ওথানে গ্রাম নেই...শুধু বড়ো বাড়ি আর দোকান।"

হাসির রেশ তখনও দেবব্রতের চোখে-মুখে। মাথা হেলিয়ে হাসতে লাগলো। বড়ো চুলগুলো কপাল ঢেকে দাঁড়িয়ে রইলো -"আরে তোমাদের

জলপাইগুড়িতে গ্রাম নেই নাকি? এই যে তোমরা গ্রামে আছো..."

-"কিন্তু সেটা তো কলকাতা শহর দেব বাবু।"

কলকাতা থেকে এতদূরে বাস করা গ্রাম্য সরল লোকগুলো যে কলকাতাকে কিভাবে কল্পনা করে বেশ বুঝতে পারলো দেবব্রত সাজুর কথায়।

আর বেশ ভালোও লাগছিল এই সরল মেয়েটির সঙ্গে তর্ক করতে। কেমন অস্থির ভাব ফুটে ওঠে তখন মেয়েটার প্রশ্নের মাঝে।

একসময় কলকাতা সমন্ধে ভালো করে জানার পর স্বস্তির নিশ্বাস ছাড়ল সাজু-"যাক এতক্ষনে বুঝলাম ব্যাপারটা।"

-"আমার সাথে কলকাতা যাবে?"

-"ওই বলাই মেরেই দেবে। বেশ পাহারা দেয়। ভাগ্গিস এখন বাইরে আছে কদিনের জন্য...নইলে ঠিক আমাকে নজরে-নজরে রাখতেন।"

আর কিছু বলে না দেবব্রত। তবে কোথায় যেন একটুকরো কষ্ট ধীরে-ধীরে রক্তবীজের মতো বাড়তে লাগলো, এটা বুঝতে পারলো।

***

তাড়াতাড়ি ফিরতে হয় দুজনকেই। মেকআপ করতে হবে দেবব্রতকে। এছাড়াও কত কাজ বাকি আছে। হরিহর বাবু হয়তো খুঁজছে ওকে।

গ্রামটা বেশ সুন্দর। তবে এই দুহাজার বারো সালে এসেও যে বিদ্যুৎ আসেনি এই গ্রামে এটাই অবাক লাগে দেবব্রতের। অন্যান্য জায়গায় এলেও এখানে আর কয়েকটা গ্রামে এখনো আসেনি। এখনো নাকি হবার কথা হচ্ছে। দু-এক বৎসরের মধ্যে ঠিক আসবে।

***

সন্ধের আগেই ছাগল-গরু সব পাটকাঠি দিয়ে করা গোয়াল ঘরটায় ঢুকিয়ে বাহির উঠোনের পাশে জিয়ল গাছের নীচে দাঁড়ায় সাজু। মুরগিগুলো এখনো ঢোকেনি ঘরে। বাইরে কুপির আলোয় খেলছে। কাজেই পরে ঢোকাবে।

অন্ধকার সবদিকে। শুধু চাঁদের আলো আর মেলার গানের আওয়াজ আসছে।

রাস্তা দিয়ে হরি দা বৌদি আর ওর বাচ্চাদের নিয়ে যেতে-যেতে বলে যায় -"মেলায় কহন যাবি সাজু?"

-"হা..এইতো বাড়ির কাজ সামলাইয়া লইয়াই। যাও তোমরা, দেখা হইলে জিলাপা খামু। মনে থাকে য়ওযান।"

বৌদি হাসে -"আমার ভাইয়ে আইবো। চিন্তা নাই। তোমার ঘুরার ও সঙ্গী হইবো..."

হাসে সাজু। ওরা চলে যায়। একটু পরেই পাশের বাড়ির পিঙ্কি,কমলা এরা সব হাজির হবে। সেই প্যানপ্যান শুনতে হবে -"এহনও হয় নাই তর!"

কোথাও গেলে সবাই ওর বাড়িতে না এসে পৌঁছালে সাজুর সাজগোজ হয় না। আর সবগুলোকে ওর ঘরেই আসতে হয় সাজগোজের জন্য। ওর কাছেই যে দামি দামি ক্রিম, পাউডার ইত্যাদি আছে।

কেউ বলবে -"লেবেস্টিকটা দেহি।"

কেউ বলবে -"তোর ফেস পাউডারটা ভালো। দেখি একটু লাগাই..."

-"সাজু রে মুরগি ঘরে ঢুকবার আগে ডিমগুলান বাইর করলি?"

বলেই ওর সামনে এসে দাঁড়ালো ঠাম্মি। দেখে সাজু নিজের মনে হাসছে। কাছে এসে দাঁড়ায় ঠাম্মি -"একা একাই হাসিস যে বড়ো?"

-"এমনেই... কই লো?"

-"হম বুঝি রে। এই বয়সে একা একাই হাসবি, নাচবি, গান গাইবি... হা হা হা...এই বয়স আমাগোরে কবেই পার হইছে।"

-"পাগল নাকি আমি, যে একা একাই হাসুম। তুমি কানে কম শুনো এমনিতেই বুড়ি। তায় আবার মাইকের গান..."

-"থাবরা থাবি? জানি না বুঝি। কানে কম শুনলেও চোখ চাঙ্গা। এই চোখ দেইখাই তোর ঠাকুরদা ভালোবাসছিল।"

-"তা কি হইছে?"

-"কি আবার? তর প্রেম।"

-"কার লগে? তোমার?"

-"ওই দ্যাবততো কি মইরা গেছে নাকি যে আমার লগে হইবো! বুঝি না? ভালোবাসা রে। ছ্যারায় ভালো আছে..."

দৌড়ায় পালায় সাজু ঘরের ভেতরে। ঠাম্মি দেবত্ব বাবুর কথা বলতেই কেন যেন সব লজ্জা গাঢ় হয়ে ওঠে আরো।

ঘরে গিয়ে বালিশের ওপর মাথা দিয়ে চিৎ হয়ে শুয়ে ওর ঘরে থাকা ছাগলের কালো ছোড় বাচ্চাটা কোলে নিয়ে বাচ্চাটার মাথায় নিজের শাড়ির আঁচলটা দিয়ে ঘোমটা দিয়ে হেসে উঠলো খিলখিল করে -"বউ সাজবি?"

ঘরে লন্ঠন জ্বলছে একটা। সেই আলোয় দেখা যায় পাকা ঘরটার ভেতরে একটা পরিষ্কার বিছানা, আলনা, টেবিল। দেয়ালে কতগুলো ঠাকুর-দেবতার ছবির সাথে গ্রামের ছবি।

ওর মাথার কাছে সিতাহরনের বড়ো ছবিটা।

সাজুরা সবাই মিলে মেলায় চলে যায়।

ঠাম্মি পাশের বাড়ির লীলা কাকীর সঙ্গে রান্নায় ব্যস্ত।

কমিটির নগেন দা একটু আগেই মাংস এনে ধুয়ে দিয়ে গেল। আজ মুরগির মাংস হবে।

এইসব রান্না করে তবেই না মেলায় যাবে ঠাম্মি।

দুজনেই চাঁদর গায়ে কাজ করছে। ঠান্ডা আজ বেশিই পড়েছে যেন।

মশলা বাটছে এখন ঠাম্মি। লীলা দেবী উঠোনের কোন থেকে আদা তুলে এনে ধুচ্ছে। মাংস কষানো হবে এবারে।

এমন সময় বাইরে কারোর শব্দ পেলো দুজনে।

ঠাম্মি বেরোয় গিয়ে। একটা কুপি জ্বলছে বাইরের কুয়াশায়।

সেই অল্প আলোতেও কাউকে দেখে চমকে উঠলো।

পর্ব-৩

ঠাম্মি হরিবালা দেবী অবাক বিস্ময়ে তাকিয়ে থাকে ছেলেটার দিকে।

এমনটা নয় যে সে এবাড়ি অনুমতি ছাড়া আসে না। সবসময় তার প্রায় যাতায়াত চলে,,, কিন্তু আজ যেন মানতে পারছেন না হরিবালা দেবী।

কারণ উনি জানেন সাজু দেবস্বকে ভালোবাসে। যদিও এটাও জানেন না এর হাত থেকে নিস্তার নেই।

তবুও কোথায় যেন একটা মনে হয়েছিল একে কখনো দেবস্বর জায়গাটা দিতে পারবে না সাজু।

ততক্ষনে ছেলেটার সাথে তার চার-পাঁচজন চ্যালা ওনার সামনে হাজির হয়।

হালকা কুপির আলোতেও স্পষ্ট দেখা যায় কুয়াশার মাঝে ছেলেটাকে। ফর্সা রঙের ছেলেটা। ছয় ফুটের উষ্ণতা। পরনে থয়েরি রঙের পাঞ্জাবি আর সাদা পাজামা। বড়ো করে রাখা চুল তেল দিয়ে পিছনের দিকে চিরুনি করা, গোঁফ আর দাঁড়ি রাখা গালে, কপালে গেরুয়া রঙের ফোটা মিশেছে ওপরে কতগুলো পড়ে থাকা লম্বা চুলের প্রান্তে, ঈগলের মতন দুটো উজ্জ্বল চোখ...যেন বহুদূরে থাকা জিনিসকেও বেশ দেখা যায়।

-"কেমন আছো বলাই?" হরিবালা দেবী মুখে হাসি আনার চেষ্টা করেন।

-"ভালোই ছিলাম কিন্তু আপনার নাতনি যে ভালো থাকতে দিলো না... কি ভাবে ও নিজেকে? যার-তার সাথে লটর-ঘটর করবে আর আমি জানবো না। তাই আজকে বিকেলের ট্রেনেই ফিরলাম শিলিগুড়ি থেকে। ও কোথায় ডেকে দিন..."

কাঁপতে লাগলো হরিবালা দেবীর শরীর। বুঝতে পারলেন যে সমস্ত খবর পেয়ে গেছে বলাই। আর ও রেগে গেলে কি যে করে বলা মুশকিল! কতবার সাজুর সঙ্গে খারাপ কাজ করতে গেছিল। সাজু শুধু বিয়ের কথা বলে থামিয়েছে। জানেও না কতদিন আর আটকাতে পারবে মেয়েটা। মারণ মেয়েটা রোজ স্বপ্ন দেখে,,, ঠিক রেহাই পাবে বলাইয়ের হাত থেকে।

বুঝতে পারলেন না ঠাম্মি কি উত্তর দেবে। মাথাটা ঝমঝম করছে। মেলার নাগরদোলার শব্দের সঙ্গে একটা গান ভেসে আসছে...

"সখী বাসর সাজাই... সর্ষে ফুলের মালায়...

সবুজ হলো...শুকনো পাতা ঝরায়...(স্ব-রচিত)

-"কি হলো দিদা বলুন... কোথায় ওই ধারী মেয়ে?"

-"এইসব তুমি কি কতা কও ভাই! কি করলো ও? তুমি তো চিনো অরে! খারাপ কাজ কি কইরবার পায়?"

-"যা বলছি উত্তর দিন!" সামনে এগোয় বলাই "এই বিশ্বাস নিয়ে থেকেই আজ আমার এই দুর্গতি। কালকের মধ্যেই ওকে আমি আমার বাড়ি নিয়ে যাব ব্যাস।"

লীলা দেবীও রান্নাঘর থেকে বেরিয়ে হরিবালা দেবীর সামনে দাঁড়ায় -"কি কয় গো?"

হরিবালা দেবী মিনমিন কন্ঠেই একটু তেজ ঝরান -"কিছুতেই হইবার নয়... আমাগো যেদিন ইচ্ছা..."

দাঁতে দাঁত চেপে ওনার কথা থামিয়ে দিয়ে বলে ওঠে বলাই -"তাহলে আর কি? এই ভিটা আজেকই ছেড়ে দিন। সঙ্গে সব জায়গাজমি আমাদের হবে কিন্তু। কারন আপনার ছেলে আপনার বৌমার চিকিৎসার জন্য আর সেবারে খরায় এত টাকা ধার নিয়েছিল যে...সেগুলো এখন সুদসমেত কয়েক কোটি হবে...আপনাদের সব বেঁচলেও সেই ঘাটতি মিটাতে পারবেন না..."

হরিবালা দেবী জানেন না কত ঋণ করেছে ছেলে। একবার বৌমার টিউমার চিকিৎসা করার সময় কত টাকা নিয়েছিল ছেলে, তারপর পরের বছর খরায়। সুদে টাকা দেয় বলাইয়ের বাবা। ওখান থেকেই নিয়েছিল...

পরবছরে বন্যায় চলে গেল ছেলে-বৌমা। টাকার সংখ্যা বলে যায়নি মাকে।

হিসেব নিয়ে এসেছিল বলাইর বাবা বকুল বাবু। কয়েক লাখ টাকা।

সে কবেকার কথা। সাজুর বাবার সই করা কাগজটা। টাকার অঙ্কটা বাড়িয়ে দিতেই পারে বকুল বাবু।

এত টাকা নিয়ে কি করবে ছেলে? কিন্তু কোনও প্রমান না পাওয়ায় কিছু করতে পারেননি হরিবালা দেবী। অন্যদিকে ভয় বকুল বাবুকেও... কারন উনি বেশ পরিচিত খারাপ কাজের জন্যেও।

টাকা নিতে এসেছিল প্রথম-প্রথম বকুল বাবু। কদিন পর নিজের ছেলেকে পাঠিয়েছিলেন। তখনই কুড়ির বলাই।

এসে সাজুর দিকে ড্যাবড্যাব করে তাকিয়েছিল।

কদিন পর বলাইয়ের বাবা-মা এলেন। অবাক তো হরিবালা দেবী।

পরে শুনলেন সাজুকে বউ করতে চান।

সোনার মালা দিয়ে ওইটুকু মেয়েকে বরণ করলেন। পরে বিয়ে দেবেন। কিন্তু আগেই বরণ করে গেলেন। বড়ো হলে যাতে আর কেউ না ভাবে ওকে বউ করার কথা।

যদি রাজি না হতেন হরিবালা দেবী তবে দুই নাতনি আর ঠাম্মাকে সেদিনই ওরা ঘরছাড়া করতো।

ভয়ে বলেছিল সাজু -"আমি বে করবো ঠাম্মি।"

-"তুই জানিস বে কি? কইলেই হইলো?"

-"হ জানি। তুমি 'হা' কইয়া দাও।"

বলাইয়ের হুংকারে চমক ভেঙে যায় হরিবালা দেবীর।

বলাই চিৎকার করে -"ওই রেন্ডিকে আজ রাতেই আমি শেষ করে দেব যাতে আর কেউ ওর দিকে না তাকায়। অনেকদিন সুযোগ দিয়েছি,,, আর নয়।"

বলেই চ্যালাদের দিকে তাকিয়ে বলল বলাই -"এই তোরা ওকে দ্যাখ ঘরে খুঁজে। লুকিয়ে আছে নাকি শব্দ পেয়ে। না পেলে মেলায় খুঁজবো..."

ঠাস করে একটা থাপ্পড় কষিয়ে দেন হরিবালা দেবী ওর গালে -"মাইয়াগো সন্মান দেবার শেখ.. তারপর বিয়ার কথা ভাব। জায়গা-জমিন সব নে...রাস্তায় থাকমু। ভগবান কারোর ভাতে মারে না...ঠিক কিছু উপায় হইবো। কিন্তু তর মতন বঞ্জাতের সঙ্গে আমার নাতনির বিয়া দিমু না..."

হাতটা ধরে ফেলে বলাই -"আমার গায়ে হাত! ওই জোকার ছেলের জন্য দেখছি সবার সাহস বেড়েছে। পা ভেঙে ফেলে রাখবো..."

-"বঞ্জাত!"

ছেলেগুলো ততক্ষনে ঘর থেকে বেরিয়ে বলে উঠলো -"নেই বস ঘরে,,,"

এক লাথি মেরে হরিবালা দেবীকে দূরে ফেলে দেয় বলাই -"বল ও কোথায়? নাইলে তোকে মেরেই দেব..."

***

মেলায় তখন সাজু বান্ধবীদের সাথে ঘুরছে। কমলা রঙের শাড়িটা পড়েছে। বড়ো মাসি সেবারে পূজায় দিয়েছিল। ওতে দারুন লাগে ওকে। আর বাকিদের মধ্যে কেউ কালো কেউ লাল কেউ হলুদ শাড়ি পড়েছে।

পাড়ার রামু দা হেসে বলে –"আমরা এই শীতে সোয়াটার পইরাও কাঁপি... এই মেয়েগুলা শাড়ি পইরা আছে। এইই মেয়েদের ফ্যাশন। শীতের কথা ভাবেই না।"

সবাই চুড়ির দোকানে যায়।

সাজুর পছন্দ নেই। সবাই ওকে একটা-একটা দিয়ে বলছে –"এটা কেন তোরে ভাল্লাগবে..."

বেশ ভিড় মেলায়। আলোয় ঝলমল সবদিকে। রাধা-কৃষ্ণ ও তার সখীগনের মূর্তিগুলো কতগুলো ছেলে ঘুরাচ্ছে রশি টেনে-টেনে।

কোনও মঞ্চে যাত্রা হচ্ছে আবার কোনও মঞ্চে জোকারের খেলা। এখনো উঠেনি দেবত্ব। সময় হচ্ছে আর ওর।

চুড়ির দোকানের ছেলেটা হেসে বললো –"কারোর চুড়ির দাম নেব না..."

–"মানে?" অবাক গলা পিঙ্কির।

ছেলেটা হাসে –"কলকাতার দেব বাবু টাকা দিয়েছে আগেই। তাই তোমাদের ডাকলাম। মালদার ভালো চুড়ি এনেছি আজই...সন্ধ্যেয় ডেকে বললো ছেলেটা... তোমাদের খুঁজছিলাম এতক্ষন। ওর মোবাইলে ফটো দেখিয়েছিল ছেলেটা। সবার দাম দিয়েছে... হিসেব করে বাকিটা ফেরত দিতে হবে পরে..."

বান্ধবীরা ঠেলা দেয় সাজুকে। তারপর গান ধরে –"নাগর না আইলে মেলা ভালোই লাগে না!"

কমলা আর মনিবালা হাসে –"কিন্তু নাগর তো আইছেই..."

–"সাজু মা... সাজু... তোর ঠাম্মা আজ মরলো মনেহয়! অনেক কিছু হইয়া গেছে মা!"

লীলা দেবী এমন সময় সাজুকে পিছন থেকে টেনে ধরলো!

পর্ব-৪

সবদিকে অন্ধকার দেখলো যেন সাজু। ওর বন্ধবীরা কিছুই বুঝতে পারলো না।

–"ঠাম্মি কোথায় গো? কি হইছে?" বিহ্বলতা সাজুর কন্ঠ বুজিয়ে দেয়।

–"চল, কিন্তু ভয় লাগতাসে রে সাজ মা!"

-"ক্যান গো?"

-"ওই বলাই তোর ঠাম্মারে ধাক্কা দিয়া ফ্যালায় দিছে। এহন কি হইছে জানি না..."

-"কি? বলাই?"

-"হ রে!"

এবার সবাই বুঝলো ব্যাপারটা। কারন সবাই চেনে ওকে। আর এও জানে ওর এইসব করার কারণ কি হতে পারে!"

মঞ্চের দিকে তাকালো সাজু। দেব বাবু এখন লোক হাসাচ্ছে। ওর সাহায্যের এখন খুব দরকার সাজুর কাছে। কিন্তু উপায় নেই!

দেবব্রতের দিকে শেষবারের মতো তাকালো সাজু। মনে-মনে বললো -"ভালো থাকবেন দেব বাবু। জানি না আর দেখা হবে কি না! আমাকে ভুল বুঝবেন না কখনো দেখা না হলেও আপনি আমার হৃদয়ে সবসময় থাকবেন "

শাড়ির কুঁচি থামচে ধরে দৌড়াতে লাগলো সাজু। পিছনে ওর সব বান্ধবীরা। একটা জায়গায় অন্ধকারে গিয়ে লীলা দেবী ওদের সবাইকে টেনে জঙ্গলের দিকে নিয়ে যান -"চুপ সব..."

কেউ কিছু বুঝলো না। শুধু মেলার গান আর যাত্রাপালার রাজার হাসি বাদে আর কিছুই শুনতে পেল না।

অন্ধকার হলেও এদিকে মেলার আলো এসে পড়েছে। পটের দোকানের ফাঁক দিয়ে একটা তীক্ষ্ণ আলো এই সরু পথের ওপর পড়েছে। এককেজন একেক জনের বুকের ধুকপুক শব্দটাই শুধু শুনতে পাচ্ছিল কুয়াশার সমুদ্রে দাঁড়িয়ে।

-"ওই দ্যাখ..." বলেই সামনের দিকে আঙুল দেখালেন লীলা দেবী।

সবাই একসাথে সেদিকে তাকালো। যেদিকে হালকা আলো পড়েছে সেদিকেই দেখলো কুয়াশার ভেতর দিয়ে ছুটে আসছে বলাই আর ওর লোকজন।

বলাই চিৎকার করছে -"সবকিছু কেউ জানার আগেই মেয়েটাকে আমাদের ধরতে হবে। নিয়ে যেতে হবে তুলে... মেলার সর্বত্র খুঁজবি।"

দৌড়ে ওরা চলে যেতে কান্নায় ফেটে পড়লো সাজু-"এহন কি করমু কাকি? ঠাম্মার কোনও ক্ষতি হয়নাই তো!"

-"এহন কান্দার সময় নাই সাজু..."

সবাই মিলে হন্তদন্ত হয়ে কুয়াশার ভেতরে দিয়ে উঠোনে গিয়ে দাঁড়ালো সাজুদের। বাতাসে কষা মাংসের পুঁড়ে যাওয়া একটা গন্ধ।

উঠোনে রক্তাক্ত পড়ে আছে হরিবালা দেবী। গোঙাচ্ছে।

ওরা দৌড়ে ওখানে যায়। কুপির আলো ধরে পিঙ্কি।

-"ঠাম্মি চলো শওরে যামু। তোমারে ডাক্তার দেহামু..."

হাত বাড়িয়ে মানা করেন হরিবালা দেবী। কোনওমতে কষ্ট করে বলে উঠলেন -"নআআ... সাজুউউ... আমি বাঁচমু না..." বলেই পেটের কাপড়টা তুললো।

এবার দেখলো সবাই চাঁদরের ভেতরে সাদা কাপড়টা রক্তে লাল।

-"পুলিশ খবর দিমু ঠাম্মি...তার আগে হাসপাতালে..."

নিঃশ্বাস ছোট হতে লাগলো হরিবালা দেবীর।

জল এনে পিঙ্কি খাওয়ায়।

লীলা দেবীর হাতটা চেপে ধরলেন হরিবালা দেবী -"তুমি ওরে বুঝাও! এহনই ওই দেবততের নগে পালাইয়া যাইবার ক...ও..ও...

নইলে আ--আ--আমি মইরা গেলেও ভালো থাকুম না। এহন ওই বইলাইয়ের সাজার কথা ভাবলে... আরো বেশি জীবনডা নষ্ট হইবো লো! ওগো এহন বাঁচবার জীবন আনন্দ কইরা... বইলাইয়ের নামে কেস করলে পুলিশ ও নিব না। এর চেয়ে আমি গেলাম তো গেলাম...অন্তত দুইজন ভালো থাহুক। আমি সবসময় অগোর লগে বাঁচমু ওগো তুমি তাইলে....পাঠাইয়া দাও লো.... লীলা।"

"মন কান্দে ভাসাইয়া নাও....

দূর বিদেশে...

আপন-স্বজন রইলো পইরা...

ফেইলা যাইবার দ্যাশে...

(স্ব-রচিত)

মেলার থেকে গানটা ভেসে আসতে লাগলো। সাজু নিথর ঠাম্মির দিকে তাকিয়ে রইলো। কুয়াশার আস্তরণ ঘিরে ধরেছে ঠাম্মিকে। তার ওপরেই ঝুকে আছে সাজুর বান্ধবীরা সজল নয়নে।

লীলা কাকী ওর হাত টেনে নিয়ে যায় -"চল সাজু... পালাইয়া যা এহনই দেবততের সঙ্গে...বলাই আসার আগেই...."

-"ঠাম্মি!" ডুকরে কেঁদে ঠাম্মির কাছে আবার যায় সাজু।

গিয়ে জাপটে ধরে বুকের ওপর -"যামু না..."

-"শ্যাষ ইচ্ছা রাখ সাজু...ওর লগে পালা। ও ম্যালায় আছে...যা।" চোখ বুজে যায় এবার হরিবালা দেবীর।

সবদিক কেমন অন্ধকার দেখলো সাজু। লীলা দেবী সময় দিলো না আর -"চল সাজু....আইলো বইলা..."

বলেই মেয়েগুলোকে বললো "তরা ওনার দেহটা সরায় নিয়া যা সক্কলে...আমি ছেলেগুলারে পাঠাইতাসি..."

যাবার পথে এবার জঙ্গল দিয়ে নিয়ে যেতে লাগলেন লীলা দেবী। কারন পথ দিয়ে গেলে যদি ওদের সম্মুখীন হতে হয়।

হলোও তাই। একসময় দেখলো পথ দিয়ে কতজন দৌড়ে যাচ্ছে ওদের বাড়ির দিকে -"বাড়িতেও ভালো করে খুঁজতে হবে আবার..."

ভাগ্গিস ওরা রাস্তা দিয়ে যায়নি। নাহলে নির্ঘাত ধরা পড়ে যেত।

সাজু বাক্‌রুদ্ধ। লীলা দেবী ধীরে-ধীরে বললেন -"চল মা...ক্ষমা কইর দিস তোর ঠাম্মির শেষ সময়ে তকে থাকতে দিলাম না দেইখা... কিন্তু উপায় ছিলনা রে..."

মাথা নাড়লো শুধু সাজু। গরমেও ঘেমে আছে সাজু।

আবার লীলাদেবী ওর হাত ধরে জোকারের খেলার ঘরের পিছন দিক দিয়ে গিয়ে গ্রিনরুমের প্যান্ডেলের কাপড়টা টেনে ফাঁকা করে, ভেতরে ঢুকে যায় সাজুকে বাইরে জঙ্গলে দাঁড়িয়ে রেখে।

দেবব্র তখন সিঁড়ি দিয়ে নামছিল সবে। জোকারের মেকআপ করা ও। দু-মিনিট পর আবার উঠবে। মঞ্চের সামনে লোকের বেশ ভিড়।

ওখানে আর দুজন জোকার ছিল। ওরা লীলা দেবীকে এভাবে ঢুকতে দেখে অবাক হলো।

লীলা দেবী ওইসব না ভেনেই সোজা দেবব্রের কাছে যান। -"সাজুর বিপদ..."

-"কি হয়েছে?"

-"চলো..." বলেই পিছনের দিকে টেনে নিয়ে যান।

গিয়েই সাজুকে দাঁড়িয়ে থাকতে দেখলো জঙ্গলে। হালকা আলোয় সাজুর করুন মুখটা স্পষ্ট। এই মুখটা ভীষন কষ্ট দিলো দেবব্রের বুকের ভেতরে। এই হাসিখুশি মেয়েটাকে এভাবে দেখবার আশা করেনি ও।

****

সাজু আর দেবব্র হাঁটতে লাগলো অন্ধকার ধরে কুয়াশার ভিড় ঠেলে।

পিছনে দাঁড়িয়ে চোখের জল মুছেন লীলা দেবী।

আবার দৌড়ে আসে সাজু -"কা-কা-কাকী... ঠাম্মির শরীরটা বাড়ির কাছেই পুঁইতা রাইখো... পরে আইসা দেখমু... তোমাগর কারোর ঋণ শোধ

কররবার পামু না! খুব মনে পড়বো তোমাগের কথা!

কহনো যদি সুযোগ পাই তো আসমু....পিঙ্কি, কমলা অগেরে কৈয়ো....কলকাতা গেলে দ্যাখা কইরো!"

-"যা মা...তর কাকু আর দাদায় দাঁড়ায় আছে..."

একটু এগোতেই দুটো সাইকেলে দুজনে চেপে বসে। সাজুর কতগুলো কাপড় পুটলি বেঁধে এনে দিয়েছে চুপিচুপি লীলা কাকির স্বামী হরি কাকু।

সেগুলো সাজুর হাতে দেয়। সাজু আর দেবব্ব দুজনের সাইকেলের পিছনে বসে।

তাড়াতাড়ি স্টেশনে যেতে হবে।

বলাই জানবার আগেই এই জায়গা, এই মায়ার বাঁধন সব ফেলে যেতে হবে কলকাতা দেবব্বের ঘরে।

পিছনে যাত্রাপালার কাতর স্বরে ভেসে আসে এক নারীর কন্ঠ -"যাস না আমায় ফেলে...যাস না কন্যা!"

সাজুর মনে হতে লাগলো এই মাঠ-ঘাট, এই নদী-প্রান্তর, জঙ্গল, ঘাস ফুল-ফল সবাই যেন ওকেই ডেকে কাতর স্বরে বলছে এই কথাগুলো।

ছিন্ন করতে যে কেউই চায় না এই বন্ধন!

আবার বেজে উঠলো সেই গানটা...

"মন কান্দে ভাসাইয়া নাও...

দূর বিদেশে,

আপন-স্বজন রইলো পইরা...

ফেইলা যাইবার দ্যাশে!"

অন্ধকারে কখন যেন পেরিয়ে যেতে লাগলো সাজু ওর সাধের গ্রাম, সাধের নদী-নালা, মাঠ ঘাট, সাধের আপনজনগুলোকে,,,,, ডুডুয়ার কোণে বেঁধে রাখা সাধের নৌকাটাকে,,, বুঝতে পারলো না সাজু,,,

পর্ব-৫

রাস্তায় যাবার পথে দাদাকে বলে উঠলো সাজু, কিছু মনে পড়াতে -"দাদা?"

-"বল?"

কুয়াশার আস্তরণ পাশ কাটিয়ে এগিয়ে যায় ওরা। মেলার গানের শব্দ এদিকে ক্রমশ কমতে শুরু করেছে। ঝিঁঝি ডাকছে দূরে।

আর্দ্র কন্ঠে বলে উঠলো সাজু -"ছাগল-গরু-মুরগি এগুলার কথা মনেই ছিল না তো। তুমি হ্যাগেরে দেইখো কেমন! কাকিরে কইয়ো জল দেবার ঠিক

টাইমে..."

"কুকুর একডা আর একডা বিলাই আছে না... হেগুলারে দেইখো। এগুলা তোমাগো এহন ভাইবা নিও। আমি কবে আহম না আহম তার তো ঠিক নাই..."

দূর থেকে শুনছিল দেবব্রত। পথে আসতে-আসতে ও বাকিকিছু খুললেও মেকআপ এখনো ওঠেনি। সেই জোকারের মেকআপ নিয়েই যাচ্ছে ও। স্টেশনে ছাড়া আর উপায় নেই এগুলো তুলবার।

কথাগুলো শুনতে শুনতে আনমনা হয়ে যায় দেবব্রত। বুঝতে পারলো যে, সত্যিই শহরের লোক যদি বাড়ি বদল করে তখন শুধু বাড়িটা কিংবা দুই একজন লোকের জন্য মন খারাপ করে।

কিন্তু গ্রামের লোক বাড়ি বদল করলে... বাড়িঘর আর গ্রামের লোকদের বাদেও নদী নালা, পুকুর ঘাট, বন জঙ্গল, কত পশু পাখির জন্যে মন খারাপ করে।

আধ ঘন্টা পর স্টেশনে গিয়ে, টিকিট কাউন্টারে গিয়ে জানলো কলকাতার ট্রেন এখন নেই। সেই সকালের পর একটা আছে সাড়ে সাতটার দিকে 'পাহাড় সমুদ্র এক্সপ্রেস'।

এখন উপায়? অন্যদিকে বলাইয়ের লোক যখন-তখন আসতে পারে।

কাকু ঠিক করলো বাসে যাবার কথা। তাই বাস স্ট্যান্ডের দিকে গেল। যদি বাস মেলে।

আর ঠিক পেয়েও গেল। রাতের শেষ বাস ছিল এটা। পাঁচ মিনিট পর এলেই পেত না আর।

'সোনার তরী' বাসটা দশটা দশে ছাড়ে, কিন্তু আজ দশটা কুড়িতে ছাড়ছে কি একটা সমস্যায়। এখন তো দশটা পনেরো হয়েই গিয়েছে।

পিছনের দুটি সিট পায় পাশাপাশি। বসে পড়ে দুজনে। বাসের লোকেরা দেবব্রতের দিকে হাঁ করে তাকিয়ে থাকে।

দাদা কতগুলো খাবার জিনিসের প্যাকেট আর জলের বোতল এনে দেয় -"এইগুলা খাইস সাজু রাস্তায়।"

তারপর দুজনে পকেট হাতড়ে যতটা টাকা পেলো সবটা সাজুর হাতে দেয়। সাজু না নিতে চাইলেও জোর করেই দিয়ে দেয়।

অবাক লাগে দেবব্রতের। সাজুর এদের সাথে কোনও রক্তের সম্পর্ক নেই...অথচ কেমন সব আপন! গ্রামের লোকগুলোর কাছে কিংবা মাটির খুব কাছে না এলে বুঝতেই পারতো না দেবব্রত, যে গ্রামের এক একটা লোক

কিভাবে একে অন্যের পরিপূরক হয়!

কাকু আর দাদা 'আসি' বলতেই দেবব্রতের কাঁধে মাথা দিয়ে হাউহাউ করে কাঁদে সাজু।

এই প্রথম ওকে কাছে থেকে পেলো দেবব্রত। এতটাই কাছে যে ওর চুলের মিষ্টি ঘ্রাণটা দেবব্রতের নাকে ধাক্কা দিয়ে যাচ্ছে।

'দুজনে সুখী থাকিস প্রার্থনা করি' বলেই জলভরা চোখে কাকু আর দাদা দরজা দিয়ে বেরিয়ে গেছে কখন, বুঝতে পারে না সাজু।

যখন মুখ তুললো, তখন পিছনের দিকে তাকিয়ে দেখলো, ধূপগুড়ি শহরটাকে মিশে যাচ্ছে বাসের ভারী কাঁচের বাইরে।

শুধু আলোগুলো অবিরাম জ্বলতে থাকা জোনাকি পোকার মতো মনে হলো।

***

পরদিন দুপুর গড়িয়ে শিয়ালদহে নামলো দেবব্রত সাজুকে নিয়ে।

সারারাত দু-চোখের পাতা এক করেনি দেবব্রত।

সাজুকে ওর মনেহয় যেন কোনও এক স্বর্ণমূর্তি। যেটা হয়তো একটু এদিক-ওদিক হলেই লোকে চুরি করে নিতে পারে।

বাসের হালকা আলোতে সাজুর দিকে তাকিয়ে থাকে দেবব্রত। এই রঙের শাড়িতে দারুন লাগে মেয়েটাকে।

সিট পাশাপাশি ছিল। জানালার দিকে সিঁটিয়ে শুয়ে ছিল সাজু।

তারপর ঘুমন্ত মেয়েটা কখন যেন ওর দিকে এসে পড়েছে। টলছিল গাড়ির ঝাঁকুনিতে। এদিকে রাস্তা বেশ এবড়ো-খেবড়ো!

সস্নেহে ওর মাথাটা নিজের কোলে নেয় দেবব্রত পা দুটো সিটের ওপর তুলে।

তারপর ব্যাগ থেকে চাঁদরটা নিয়ে ঢেকে দেয় ওর কোমর অব্দি।

সোয়েটার-চাঁদর কিছুই গায়ে নেই মেয়েটার। আবার জানালা খুলে বসেছিল।

জানালার কাঁচটা এক হাতে আটকে দেয় দেবব্রত।

তারপর মেয়েটার মুখের দিকে তাকিয়ে থাকে।

মাথাই এদিকে হাজার রকমের চিন্তা। মেয়েটাকে তো নিয়ে যাচ্ছে। সবাই তো বলছে বিয়ের কথা, এমনকি ঠাম্মিও নাকি তাই বলেছে মৃত্যুর আগে।

কিন্তু সাজু যদি এটা না চায়?

তাহলে সাজুকে কিভাবে রাখবে ও? লোকে যদি নানা কথা বলে!

আবার বিয়ে করলেও,,, যা ইনকাম তাতে ওরই ভালোমতো চলে না। সেখানে সাজু,,,

কাজেই তিনবার ওকে ভালোবাসার ইচ্ছেটা এগোলেও চারবার হয়তো পিছিয়ে আসছে।

****

ভোরের দিকে ঘুম ভাঙে সাজুর। স্বপ্নে মেয়েটা ঠাম্মির সাথে ঘুরছিল নদীর তীর ধরে। ঝিনুক, গুগলি, শামুক মারছিল পিঙ্কি আর ওর মা লীলা কাকীর সাথে।

এগুলো তরকারি সাজু ভালো করে রান্না করতে পারে। স্বাদ যেন লেগে থাকে সবার মুখে।

লীলা কাকী, কাকু, পিঙ্কি আর দাদাও তাই ওগুলো রান্না হলে ওদের বাড়িতেই খায়। নিমন্ত্রণ করে ঠাম্মি। সকলে মিলে মেরে একখানে রান্না করে।

জলে ভেসে যাচ্ছিল ঠাম্মি। কিছুই বুঝতে পারছিল না সাজু। ডুডুয়ার এদিকে তো হাঁটু সমান জল শুধু। তাও পাথর ভরা। তবে কোন স্রোতে ভাসছে ঠাম্মি।

ঠাম্মিকে ধরতে গিয়েই জলের ঘূর্ণবাতে হারিয়ে যায় সাজু। পারে পিঙ্কি আর লীলা কাকিমাকে চিৎকার করে ডাকলেও কেউ শুনতে পায় না...

কাঁদছে সাজু-" হাত ধরো ঠাম্মি..."

-"সাজু? সাজু?"

কন্ঠটা শুনতেই চোখ কচলায় সাজু। দেখলো একটা বাসের ভিতর ও। আর দেবস্ব ওকে ডাকছে। যার কোলে বেশ মাথা দিয়ে ঘুমাচ্ছিল সাজু।

কুয়াশা ফুঁড়ে সকালের সূর্যের কিছু ছটা জানালার কাঁচ ভেদ করে ভেতরে ঢুকেছে, কিছুটা পড়েছে ওর মুখে, আর কিছুটা দেবস্বের পায়ের কাছে জোকারের পোশাকের রংবাহারি জায়গাটায়।

একটু সময় লাগলো কালকের সব মনে করতে!

ধীরে-ধীরে সরে যায় সাজু। মলিনতায় ভরে যায় আবার মুখটা। যেন কোন এক কালো মেঘ এসে সূর্যের দুতিকে ঢেকে দিয়েছে, আলোক বাইরে না বেরোনোর জন্য।

কলকাতা যাবার আগে একটা জায়গায় দাঁড়িয়েছে বাস। সবাই বাথরুম করবে, হাত-মুখ ধোবে। তারপর যা খাবার খাবে। এর জন্য এক ঘন্টা থামবে শুধু।

***

দুপুর গড়িয়ে থামলো বাসটা শিয়ালদহে।

ভিড় দেখে তো তাজ্জব বনে গেল সাজু। এত লোক, এত যানবাহনের ঢেউ!

ঠাম্মি, পিঙ্কি, কাকু, কাকী আর ওর সব বন্ধুরা যদি আসতো ওর সঙ্গে। সত্যিই খুব মজা হতো সবাই হলে!

একটা ট্যাক্সি খুঁজছিল দেবব্র।

আর কখন যেন পিছিয়ে পড়েছিল সাজু এইসব দেখতে-দেখতে।

এতদিন লোকের মুখে শুনতো যেগুলো, কিংবা ওই সাদা-কালো টিভির পর্দায় দেখেছিল,,, সেগুলোই আজ চোখের সামনে আর রঙিন দেখে ওর সবটা স্বপ্নের মতো লাগছিল।

ট্যাক্সি পেয়ে পিছনের দিকে তাকালো দেবব্র।

দেখলো সাজুর হাতে ওর মেলায় ঘুরতে যাওয়া ভ্যানিটি ব্যাগটা নিয়ে একটা চোর টানাটানি করছে।

সাজু কিছুতেই দেবে না। চোর ভয় দেখালেও,,,

এমনকি সাজুকে টেনেও নিয়ে গিয়েছে অনেকটা।

দৌড়ে ওখানে গিয়ে চোরটাকে মেরে তাড়িয়ে দেয়।

তারপর রাগত স্বরে বলে উঠলো সাজুকে -"ব্যাগে আর কি আছে? সেই তো টাকা। টাকার জন্য নিজেকে এমন বিপদে ফেলতে গেছিলে! ব্যাগটা নয় নিয়েই গেল...কিন্তু ভাবো তো যদি আমি না দেখতাম আর তোমার কিছু হয়ে যেত তো!"

মাথা নিচু করে রইলো সাজু। ব্যাগ সমেত হাত কাঁপছে ওর।

ওর হাত থেকে ব্যাগটা নেয় দেবব্র "কি এমন আছে দেখি, যার জন্য তুমি..." বলতে-বলতেই ব্যাগের চেন খুললো।

দেখলো ডজন খানেক সবুজ-লালের ভাঙা চুড়ি। যেই চুড়িগুলো ও মালদার লোকটার কাছে দেখে টাকা দিয়েছিল...মলিকে আর ওর বন্ধুদের দেবার জন্য। আর সেগুলো নিয়েই কাড়াকাড়ি করছিল সাজু... সেজন্যই ভেঙে গেছে প্রায় সবগুলো।

আলতো হেসে বলে উঠলো দেবব্র "এক মিনিট। এখানেই থাকবে।"

মাথা তুলে দেখলো সাজু...কাছের একটা দোকানে গিয়ে পাঁচ মিনিট পর বেরিয়ে এলেন দেব বাবু।

হাতে কতগুলো লাল-সবুজের একরকমের চুড়ি।

-"নাও সাজু। আমি কি তোমাকে আর কখনো দিতাম না বলো? জানো না আমার কাছে তুমিই সবচেয়ে বেশি মূল্যবান।" বলেই জিভ কাটলো দেবত্ব। বুঝতেই পারলো না কখন ওর মধ্যেও প্রেমিক ভাবটা ফুটে উঠেছে।

অন্যদিকে সাজু নতুন বধূর মতো লজ্জায় লাল।

-"চলো...গাড়ি রেডি।"

-"আমার এই ভিড়ে হাঁটবার ভয় লাগে দেব বাবু!"

-"তবে?"

-"আপনে জানেন..."

হাসলো দেবত্ব। তারপর সাজুর বাঁ হাতটা ধরে ওকে নিজের বাঁদিকে নিয়ে হেঁটে যেতে লাগলো -"আগেই বলতে। তবে আর চুড়িগুলো ভাঙত না। যার জন্য এত যুদ্ধ করলে!

এটা কি আর তোমার ডুডুয়ার পর সাজু? এটা কলকাতা গো। এখানে ওখানের মতো সরল লোক বসে নেই তোমাকে বরণ করার জন্য। এখানে সবাইকে লড়ে খেতে হয়। দু মুঠো ভাত এখানে বিদ্রোহ করে পেতে হয়।"

পর্ব-৬

নিউটাউন থেকে দক্ষিণে বাড়ুইপুর যাবার পথে কুসুম কুমারী বস্তি। তার সামনেই গিয়ে দাঁড়ায় ট্যাক্সি।

মিটারে বিল শুনে টাকা মিটিয়ে দেয় দেবত্ব। ভাগ্যিস পকেটে তখন টাকা ছিল। নাহলে তো সব টাকাই ওখানে ব্যাগে রেখেছিল ও। আর ব্যাগ থেকে টাকা বের করার মতো নির্ঘাত সময় পেতই না।

আর নাহলে পথে সাজুর টাকায় হাত দিতে হতো। যেটা সবচেয়ে লজ্জার হতো ওর কাছে। যাক বেঁচে গেছে এজন্য।

এবার ওখানে ফোন করতে হবে। কাল হরিহর বাবু ফোন করেছিল। কিছুই বলতে পারেনি ও। শুধু বলেছিল -"আপনার কাছে আমি ক্ষমা চাইছি প্রোগ্রাম থেকে পালিয়ে আসবার জন্য। কারণটা পরে বলবো। কিন্তু আপনি তো আমাকে বিশ্বাস করেন, তাই আমি জানি আপনি জানেন আমি এমনি-এমনি এমন একটা থারাপ কাজ করতে বাধ্য হইনি।

আপনি দয়া করে কাউকে শুধু আমার ঠিকানা দেবেন না। নাহলে কিন্তু যার জন্য এটা করেছি, তারই বিপদ হতে পারে। আপনাকে পরে বলবো আমি সবটা। প্লিজ স্যার আমাকে ভুল বুঝবেন না।"

এবার অন্তত ফোন করে সবটা বলা দরকার। আর হয়তো এতক্ষণে জেনেও গিয়েছে। না জানার কোনও কারন নেই। এতক্ষণে ওখানে সবকিছু

পরিস্কার হয়েই গেছে সবার কাছে।

কিন্তু ফোনে পায় না। ফোন বন্ধ বলছে।

এখানে দেবশ্বের বাড়িটা তবু একটু সবার বাড়ির থেকে বেশি জায়গা নিয়ে।

তিনকাঠা মতো জায়গা। তার ওপর শ্যাওলা পড়া তিনটে ঘর নিয়ে বাড়িটা। সামনে টিনের বেড়া দেওয়া, টিনের গেট। ভেতরে তিনটে ঘরের একটা থাকার ঘর, একটা ঘর এমনি পড়ে আছে...যেখানে দরকারি অদরকারী জিনিস, আর অন্যটা রান্নাঘর।

বাড়ির সামনে একটা তুলসিমঞ্চ বাদে টবে কয়েকটা ফুলের গাছ আর ঘৃতকুমারী গাছ লাগানো।

বাড়ির পিছনে একটু জায়গা করে কলতলা, আর পায়খানা বাথরুম।

ওকে দেখেই বস্তির বড়ো থেকে ছোট সবাই এসে হাজির। সবার প্রশ্নের উত্তর দিতে-দিতে নাজেহাল দুজনে।

বৌগুলো আবার সাজুর গয়নার দিকে চোখ গিয়েছে। ওর গায়ে সোনার গয়না যেগুলো ছিল, সেই মোটা করে কানের দুল আর মালা, নাকের ফুল, হাতের চুড়ি এইসব। যেগুলো এই বস্তির লোকগুলোর কারোর বাড়িতেই নেই।

-"ভালোই তো দেখছি গয়নাগাঁটি। তবে পালিয়ে এলে যে? বে দেবার সাধ্য ছিল না বাপের?"

উত্তর দিয়ে সবাইকে বিদায় করে দেবশ্ব -"ওর বাবা-মা নেই। ঠাম্মি ছিল। ডাকাত পড়েছে কাল। ওনার ও খুন হয়েছে! তাই ওকে নিয়েই পালিয়ে এলাম। নাহলে বিপদ হতে পারতো।"

বিরক্ত লাগছিল এইসব সাজুর। এমনিতেই মনটা ভালো নেই,,, তার ওপর আবার এত রকমের প্রশ্ন!

বিষয়টা বুঝে যায় দেবশ্ব। তাই সবাইকে যেতে বলে। আপাতত দুজনে একটু বিশ্রাম নেবে। ঘুম হয়নি, খাওয়া হয়নি ভালোমতো!

এদিকে একেবারে যে বিপদমুক্ত সেটাও নয়, বলাই যে এতদূর আসবে না তা কে বলতে পারে!

স্নান করে দেবশ্ব। আগেই করে নিয়েছে সাজু।

সাজু রান্নাঘরে শব্দ করছে। কি করছে মেয়েটা কে জানে? একটু আগেই তুলসিতলায় ন্যাতা দিয়ে পুজো শেষ করলো।

স্নান করতে দেরিই হয় দেবশ্বের।এত মেকআপ তুলতে হয়, আবার পোশাকগুলো ধুয়ে শুকাতে দিতে হয় টাঙানো রশিতে।

এইসব করে পাজামা আর স্যান্ডো গেঞ্জি পড়ে, চুল আঁচড়ে,,, রান্নাঘরে ঢুকলো।

দেখলো গ্যাসে খিচুড়ি বসিয়েছে মেয়েটা।

পরনে একটা হলুদ রঙের সিল্কের শাড়ি, মাথায় খোঁপা করে রাখা চুল... তার থেকে কিছুটা অবাধ্য চুল গালের ওপর এসে আর কিছুটা ঘাড়ের ওপর অবিন্যস্তভাবে জুড়ে আছে। নড়াচড়ার সঙ্গে হাতের চুড়ির শব্দ আর পায়ের নূপুরের শব্দ এই নির্জন দুপুরটাকে জাগিয়ে তুলছে।

পরীর মতো লাগছে ওকে। ঠিক যেন হলুদ পরী।

সামনে মেঝেতে কাগজগুলো দেখে মনে হলো...এইমাত্র পাশের দোকান থেকে ডাল কিনে এনেছে নিজের টাকায়। সাথে ডিম ও।

খিচুড়ি আর ডিমভাজা বানায় সাজু। খেতে সেই দুপুর গড়িয়ে যায়। এমন সময় হরিহর বাবুর ফোন আসে।

তখন বিছানা ঠিক করছিল দেবব্রত। ওর ঘরের বিছানাটা সাজুর জন্য করে পাশের ঘরটায় মেঝেতে নিজের জন্য বিছানা ঠিক করে। জানালাগুলো খুলতে গিয়েই দেখলো এতদিনের বন্ধ থাকায় জং ধরার জন্য ক্যাচক্যাচ শব্দ করছে।

ঘরে আসবাব বলতে-একটা কাঠের বিছানা, কাঠের আলনা, টেবিল আর একটা সিন্দুক।

জানালায় হেলে বসেছিল। মাথার পাশ দিয়ে কতগুলো কতগুলো টুনটুনি উড়ে যায়।

সাজু তখন বাসন মাজছে।

-"ও কলকাতাই যাচ্ছে দেবব্রত। শীঘ্রই পালা তোরা...আমরাও ফিরছি। মেলা বন্ধ! কালই আমাদের সংস্থার লোককে টর্চার করে জেনে নিয়েছে তোর ঠিকানা। আমার ফোনে চার্জ ছিল না। তবে চার্জ দিয়ে খুলে এই ফোন করছি। আজ সকালে বেরিয়েছে ট্রেনে। তুই ভেগে যা ওকে নিয়ে,,,"

হরিহর বাবুর কথাগুলো শুনে দিককিদিক জ্ঞানশূন্য হয়ে যায় যেন দেবব্রত। এখন ও কি করবে? টাকাও হাতে এখন তেমন নেই! এইসব নিয়ে....

ভাবতেই পারছে না কিছু!

সাজু বাসন মেজে দুটো পান সাজিয়ে আনছিল। কখন যে এতকিছু কিনে আনলো ভগবান জানেন।

দখিনা বাতাসের মতো একটু ফুরফুরে হাসি বেরোয় মেয়েটার ঠোঁটে -"পান খাবেন?"

এই মেয়েটাকে এখন এই একটু ভালো থাকার মুহূর্তে বলতেই ইচ্ছে করলো না দেবশ্বের,

যে- এখনই ওদের পালাতে হবে!

সত্যিই গরিব লোকদের যেন সুখে থাকা হয় না জীবনে! একটার পর একটা সমস্যা ঠিক জীবনে এসে যাবে! আর যেগুলো ভালো থাকাটা কেড়ে নেবে বারবার! যারা অল্পতে খুশি, তাদের সেই অল্পতেই খুশি থাকতে দেয় না কেউ!

পানটা হাতে নিয়েই বলে উঠলো দেবশ্ব -"ওই বলাই আসছে। আমাদের আবার পালাতে হবে সাজু! জানি না কি হবে! এমনিতেই জীবন চলে না,তার ওপর এইসব!"

দেবশ্ব বুঝতে পারলো না ওর শেষের কথাগুলো ওর অজান্তেই কোথাও গিয়ে কারুর বুকে কুঠারের মতোই আঘাত হেনেছে!

সাজু একটু সময় স্তব্ধ হয়ে রইল। একটু পর অন্যদিকে তাকিয়ে বলে উঠলো -"আপনি আমাকে রেখে চলে যান। আমি বলাইয়ের কাছে ফিরে যাবার পর এখানে আবার আসবেন। আপনি থাকলে আপনার ক্ষতি হতে পারে তাই! আমি সত্যিই বুঝতে পারছি আমার জন্য কারোর জীবন এভাবে নষ্ট হচ্ছে! সেটা আমি হতে দিতে পারি না!"

পর্ব-৭

বুঝতে পারলো দেবশ্ব নিজের ভুলটা। এবার ওকে হাসানোর জন্য বলে উঠলো -"তুমি চাইলেই পালিয়ে যেতে পারবে না সাজু দেবী। কারন তোমার ঠাম্মি, কাকু-কাকিমা, দাদা,,, সবাই আমার হাতে তোমায় তুলে দিয়েছে। আমি মৃত্যুর আগে অব্দি তোমায় সংরক্ষন করে রাখবো।"

এবার কান্নার গতি বেড়ে যায় সাজুর। এই সাধারণ কয়েকটা কথা...যেগুলো সবাই হয়তো বলতে পারে না।

ইচ্ছে হতে লাগলো দেব বাবুকে জোরে জড়িয়ে ধরে, মনের সব যন্ত্রনা হালকা করে দিতে।

তাড়াতাড়ি সব গুছিয়ে নেয় দেবশ্ব। আলমারি থেকে টাকাগুলো বের করে পকেটে পুড়ে নেয়। তারপর সাজুকে নিয়ে বেরিয়ে পড়ে অজানার উদ্দেশ্যে।

হুগলির বাস পেয়ে হুগলির বাসেই উঠে পড়ে। এখন কথা শুধু গা ঢেকে থাকা। ওখানে অন্তত কয়েকটা দিন থাকতে পারলেই হলো।

বেশ ফাঁকা বাসটা।

সাজুর গ্রামের কথা, ঠাম্মির কথা মনে পড়ছিল। এককোনে তাই চুপ হয়ে বসেছিল। চোখে সেই হারিয়ে যাওয়া গ্রামের নীল রঙটা। এত এতবড় শহরে কোথাও সেই নীল রঙটা খুঁজে পায় না! সব কেমন ধোঁয়ায় ধোঁয়ায় আঁধার!

এমন সময় তিনটে বাচ্চা ওদের কাছে এসে দাঁড়ায়। তিনজনে ঝগড়া করছিল। ওদের তিনজনের মা ওদের নিয়ে কোথাও ঘুরতে গেছিল।

বেশ ঝগড়া করে তিনজনে।

একজন বলে উঠলো -"তুই বেশি ফুচকা খেয়েছিস..."

আরেকজন বললো -'তুই ছাব্বিশটা..."

আর কেউ বললো -"না ও সাতাশ। কিন্তু তুই ত্রিশ... আমিই কম!"

-"না রে। আমি ত্রিশ না। তুইই খেয়েছিস। তুইই তো নেড়ি কুতার মতো তাকিয়ে ছিলিস।"

দেবব্ব হেসে ওদের দিকে তাকালো -"তোমরা ফুচকা নিয়ে ঝগড়া করছো?"

দুজন ভয় পেলেও, একজন বাচ্চা পেলো না। ও দেবব্বের কাছে গিয়ে ওর হাতটা ধরে বলে উঠলো -"জানো আংকেল ওরা বেশি খেয়েছে। তবু কেমন আমার সাথে ঝগড়া করছে।"

"হম বুঝলাম" বুঝতে পারার মতো মাথা নাড়লো দেবব্ব। তারপর বলল ;"আবার খাবে?"

-"কিন্তু এখন তো বাসে! কি করে খাব?" সবাই একবাক্যে বলে উঠলো।

দেবব্ব উঠে দাঁড়ালো। তারপর ওরা যেভাবে জাদু দেখায় মঞ্চে, ঠিক সেভাবেই নাচ করতে লাগলো। আর সাথে সেই গানটা-

'হীরক রাজার দেশে...

তাই পাবে...যাই চাইবে...

বলো কি খাবে? খাবে... খাবে..."(স্ব-রচিত)

হাতে একেবারে তিনটে ফুচকা চলে এলো সঙ্গে সঙ্গেই। আর তিনটাই বেশ বড়-বড় আর বেশ সাজানো-গোছানো।

তিনটে খেলেই ছেলে তিনটের পেট ভরে যাবে। এমন ফুচকা ওরা জীবনে দেখেনি।

বাসের সবাই হাঁ হয়ে থাকলো। সবার মনেই নানান প্রশ্ন আর চোখ গোলগোল।

বাচ্চা তিনটে তো মহাখুশি -"সত্যিই আঙ্কেল তুমি ভীষন ভালো।"

বাচ্চা তিনটের মা তো ওকে ধন্যবাদ দিতে লাগলো -"তুমি ভাগ্যিস ঝগড়াটা থামিয়ে দিলে!"

সাজুও একটা ভালোবাসাময় দৃষ্টিতে ওর দিকে তাকিয়ে। সত্যিই কত ভালোবাসতে পারে ও সবাইকে।

নামার সময় একজন লোক একটা ভিজিটিং কার্ড দেয় ওর হাতে।

-"আমি তোমার খেলা এতক্ষন ধরে অভিভূত হয়ে দেখেছিলাম। সত্যিই তুমি দারুন পারফরম্যান্স করো। কলকাতায় একটা আন্তর্জাতিক প্রোগ্রাম হয়। সমস্ত রকমের আর্টিস্ট আসে এখানে। সেখানে আমিও একজন বিচারকের আসনে থাকি।

আমাদের এই কার্ডটা রাখো। তুমি যোগাযোগ করে জেনে নিতে পারো। যদি একবার কিছু হয়ে যাও তো...তোমার লাক খুলে যাবে।"

-"থ্যাংকস স্যার!" শিশুদের মতোই নির্মল হাসি ছেলেটার।

সত্যিই সাজুকে এবার ওর নিজের সৌভাগ্য মনে হলো। হয়তো ওর জন্য এতকিছু হচ্ছে, কিন্তু সেগুলোর মধ্যেও অনেক ভালো কিছু ঘটছে।

***

সাতদিন মতো হুগলিতে থেকে হরিহর বাবুর কথায় আবার ফিরে এলো দেবব্রত সাজুকে নিয়ে। ভয় কেটে গিয়েছে।

বলাই না পেয়ে রাগ নিয়ে ফিরে গিয়েছে গ্রামে।

আসার আগে গঙ্গায় গিয়ে ঠাম্মির আত্মার শান্তিতে তর্পণ করে এসেছে সাজু দেবব্রতকে নিয়ে। এতদিনে যেন মনটা একটু হালকা হয়।

দেবব্রতকেও ভালো লাগে মেয়েটাকে ফুরফুরে দেখে। এতগুলো দিন রাতে ঘুমোতে দেখেনি মেয়েটাকে। নিঃশব্দে দাঁড়িয়ে আকাশের দিকে তাকিয়ে কাঁদতে দেখেছে রোজ। একটা চাপা যন্ত্রনা কোথাও যেন আকুলিবিকুলি করে ওর হৃদয়ে।

হরিহর বাবু ওদের বিয়ের ব্যবস্থা করেন।

দেবব্রতের বাড়িটা নতুন করে সাজে আলো আর নতুন কাপড়ে। নিমন্ত্রিত থাকবে বস্তির লোকজন আর ওদের টিমের লোকজন।

সাজুর মনে হাজার লজ্জা। হরিহর বাবুর স্ত্রী ছুটে এসেছেন স্বামীর কথা শুনে। সাজুর জন্য বাজার ও করে এনেছেন গয়না, শাড়ি।

টিমের সেরা জোকার জন্য হরিহর বাবুর কাছে প্রিয় হয়তো দেবব্রত, কিন্তু ওনার স্ত্রীর কাছে কোনও কারন নেই ভালোবাসার।

ওনার সন্তান নেই, তাই দেবব্রতকে সন্তানের মতো ভালোবাসেন।

সুন্দর করে সাজিয়ে দেন মেয়েটাকে। আজ কত সুন্দর লাগে ওকে লাল চেলিতে। সঙ্গে গলায়-হাতে গয়না, কপালে সুন্দর করে ফেব্রিক দিয়ে আঁকা নকশা। ঠোঁটে লাল লিপস্টিক। সুন্দর করে বাঁধা খোঁপার সাথে জুড়ে দিয়েছেন একটা হালকা গোলাপি বিয়ের ওড়না।

সবকিছু মিটে গেলে রাতে দেবব্রতের বন্ধুরা ওকে নিয়ে ফুলশয্যার ঘরে ঢুকিয়ে দেয়। পাঞ্জাবি পড়েছে দেবব্রত। এবার গরম লাগছে যেন ওটা পড়ে। খুলে একটা সাধারণ পোশাক পড়তে হবে।

ফুল দিয়ে ওর বন্ধুরা সাজিয়েছে বিছানাটা। ঘরটাও আজ নতুন রূপ যেন পেয়েছে।

তবে লজ্জা লাগছে। যাকে কখনোই বলতে পারেনি যে 'ভালোবাসি'...তাকেই একেবারে বিয়ের বন্ধনে বেঁধে নিয়েছে।

ঘোমটা দিয়ে সাজু রজনীগন্ধা ফুলের ওপর বসে আছে। সেই গন্ধে সাজুও যেন ভরে আছে। বড্ড মিষ্টি লাগছে গন্ধটা। ঘরের হলুদ আর নীলাভ আলোতে অন্যরকম রূপ পেয়েছে যেন মেয়েটা। মায়াময় পরিবেশ সৃষ্টি হয়েছে ঘরের ভেটরটায়

বিছানায় এক পা ঝুলিয়ে আর এক পা তুলে ঝুলানো পায়ের ওপর দিয়ে বসে পড়লো দেবব্রত। ঠিক করেছে আজ সব কথা স্বীকার করবে। কিন্তু কিছুতেই যেন বুলি ফুটলো না! বুঝতে পারলো না কি করে বলবে? আর সাজু ওকে ভালোবাসে কি না!

যদি এটা হয় যে,সাজু ভাবে দেবব্রত সুযোগের সদ্ব্যবহার করেছে!

তবুও সাহস আনলো বুকে। অন্তত জানা তো হবে।

সাজু তখনো মূর্তির ন্যায় বসে।

একটু পর বলে উঠলো দেবব্রত মনের কথাটা –"আমি তোমাকে ভালোবেসেছিলাম খুব সাজু। শুধুমাত্র সাহসটুকু নিয়ে কখনো বলা হয়ে উঠলো না। অথচ দ্যাখো কেমনকরে সবকিছু উল্টেপাল্টে গিয়ে একেবারে বিয়ের বন্ধনে! গিঁট পড়ে গেল সম্পর্কে। আচ্ছা তুমি কি কখনো আমায় ভালোবেসেছো সাজু?"

কোনও উত্তর নেই মেয়েটার তরফ থেকে। তবে একটু পর নড়ে উঠলো মনেহলো।

দেবব্রত বুঝতে পারলো না সাজু ওকে কি বলতে পারে! শুধু নিজের বুকের টিপটিপ শব্দটা শুনতে পেল।

পর্ব-৮

যেটা বলেছে সাজু, তার জন্য একেবারেই প্রস্তুত ছিল না দেবশ্ব।

ও কখনো ভাবেনি যে...ওর মতো কারোর জন্য এতটা কেউ ভালোবাসা লুকিয়ে রেখেছে বুকের মাঝে।

ঠিক সাজু ভালোবেসেছিল। তাই আলতো হেসে বলে উঠেছিল -"আমি আপনারে আগেই কইছি দেবশ্ব বাবু... আপনের আর আপনের কাজের ওপর আমার বিশাল বড়ো শ্রদ্ধা আর ভালোবাসা আছে। আমি আপনের এট্টু থ্যালায় হাইসা উঠছিলাম খুশিতে...বারবার মনে বাসনা জাইগছিল কহন যেন- যে এমন একজন থাকুক যে এমনেই আমার সমস্ত কষ্ট দূর কইরা দিব আজীবন..."

-"আমি বৃষ্টি হয়ে ধুইয়ে দেব তোমার চোখের জল...

বাতাস হয়ে জড়িয়ে তোমায় রাখবো হাস্যোজ্জ্বল.."

-"দারুন কইলেন তো।"

-"আবার আপনি? এবার 'হ্যাগো'... 'কিগো' বলবে না?"

-"নাহ। কমু না।"

-"কতদিনের শখ ছিল বউ এভাবে ডাকবে..."

-"তো এ্যাদ্দিন কইলেন না যে! সেই শাস্তি নাহয় ভোগ করেন। ঠান্ম্মি আমায় কত আপনের কথা কইয়া রাগাইত জানেন?"

-"এ গড তাই?"

-"তো কি! পাজি লোক!"

-"আমি তো তোমার ভয়ে বলিনি সাজু। যা তেজ তোমার..."

-"মিছা কথা কইবা না!" বলেই দেবশ্বের একেবারে ওপর উঠে বলে উঠলো সাজু।

সাজুর গয়নার শব্দ গিয়ে মেশে দেবশ্বের গায়ের সঙ্গে।

তৎক্ষণাৎ নিজের ভুল বুঝতে পেরে সরে যেতে চায়। কিন্তু পারে না...

দেবশ্ব ওকে আরো শক্ত করে জড়িয়ে ধরে নিজের বুকে -"ফুলশয্যা যে আজ.."

পৃথিবীর সব লজ্জা যেন এবার সাজুর মুখে এসে ভর করে। কাঁপছে ও একটা লজ্জা আর ভয়ে!

দেবশ্ব ওকে শুইয়ে দিয়ে ওর ঠোঁটের দখল নেয়। আর কি? দুজন যে দুজনকে ভালোবাসে...তা তো জানা হয়েই গেল।

এখন শুধুই ভালোবাসাবাসি। কাজেই নিমেষেই দুজনের একে অপরের মাঝে মিশে যেতে সময় লাগলো না। বাইরের রাতজাগা পাখির সাথে ঘরের

ভেতরে সাজু আর দেবব্রতের হালকা কথাগুলো উড়তে লাগলো রাতের মিঠে বাতাসে।

*****

দিনগুলো এভাবেই এগিয়ে যেতে লাগলো। সাজুর মধ্যে বেশ একটা পরিবর্তন এসেছে। রূপের ঝলক বেড়েছে আরো...আর ভাষার অনেকটাই পরিবর্তন হয়েছে। এখানে থেকে-থেকে এখন কলকাতার ভাষাই ওর অভ্যেস হয়ে গিয়েছে।

হরিহরবাবুর কাজটা করেই সংসার চলছে দেবব্রতের।

যদিও শুধু মেলা কিংবা অনুষ্ঠানের সময় বাদে তেমন রোজগার হয় না... তবে যা হয় ওই দিয়ে চালিয়ে নেয় দুজনে।

সেই তো দুয়েকটা বিয়ে,জন্মদিন এইসব নানা অনুষ্ঠানই বাকি দিনগুলোর সম্বল। এর বাইরে মাঝেমধ্যে দুয়েকটা অনুষ্ঠান। ব্যাস।

অভাব-অনটন চললেও দুজনকে দেখে বোঝা যায় না।

যা আছে তাই দিয়ে দুজনের বেশ চলে। সাজু গ্রামেই এর চেয়ে অনেক ভালো ছিল। ওর ঠাম্মার জমিজায়গা থেকে যা আসতো তাতে ওদের অনেক স্বচ্ছল পরিবার,,,সেখানে দেবব্রতের এই রোজগারে কিছুই না। তবে কখনো সেটা মনে করেনি সাজু। কিংবা কখনোই নিজের ব্যবহারে সেটা বুঝতে দেয় না। ওর মতে দেবব্রতের ভালোবাসার চেয়ে বড় ওর কাছে কিছু মনে হয় না,,,,,

তাই কখনো দেবব্রতকে আঁকড়ে বলে ওঠে- "পরের জন্মে গাছ হবো। তুমি একটা গন্ধরাজ হবে আর আমি তোমার গা আঁকড়ে থাকা একটা মাধবীলতা। কি দারুন হবে না?"

-"কিন্তু আমি কে গরিব সাজু। তোমায় যে কষ্ট দিই!"

-"তোমার ভালোবাসাই আসল দেব বাবু। যেটা পেয়ে আমায় ভাগ্যবতী মনে হয়। ভালোবাসা ছাড়া কি কিছু হয়?"

দেবব্রত সাজুর সবটা মানলেও এটা মানতে পারে না। যে ওঠে -"সবসময় এটা গ্রাহ্য নয় সাজু দেবী।"

-"মানে? কেন?"

-"কারণ কি টাকাটাই আসল দুনিয়ায়..."

-"তুমি ভুল জানো... ভালোবাসার ওপরে কিছুই হয় না। ভালোবাসা আসল। ভালোবাসা দিয়েই সব হয়, টাকা দিয়ে নয়।"

-"ভুল সাজু দেবী। তুমি ভাবো আরো টাকা থাকলে আমরা কত হ্যাপি থাকতাম। সেই টাকাও দরকার জীবনে। ভালোবাসা দিয়ে সবসময় সবকিছু

হয় না,,,,"

দেবস্বের নাক চেপে ধরে সাজু -"তুমি বেশি বকবার পারো দেব বাবু! আমরা কি ভালো নেই? এত সুখী কয়জন আছে? বুক পকেটে টাকা ভর্তি থাকলেই সবাই সুখী থাকে না ...সুখী সেই যার জীবনে বুক পকেটে ভালোবাসা আছে।

মেয়েটার কোমর জড়িয়ে ধরে মেয়েটার দিকে অবাক হয়ে তাকায় দেবস্ব... নিজেকে সুখী বলবে অথচ ভালোবাসাকে নীচে নামতে দেবে না মেয়েটা! আর টাকাকে ওপরে উঠতে দেবে না।

আরেকটু বাজিয়ে দেখার জন্য বলে ওঠে -"প্রমান করে দিতে পারবে?"

মেয়েটা একটু ভেবে নেয় -"অবশ্যই সময় আসুক। কিন্তু তোমাকেও প্রমান করতে হবে। আর যে হারবে?"

-"তাকে... ইম..." বলেই একটু ভাবতে লাগলো দেবস্ব। তারপর একটু পড়ে বলে উঠলো -"সে... নাহ তাকে যা বলা হবে তাই শুনতে হবে।" বলে দুস্টুমি হাসি দেয় দেবস্ব।

লোকটার কপালে পড়ে থাকা লম্বা চুলগুলো ফুঁ দিয়ে ওপরে তুলে দিয়ে বলে উঠলো সাজু -"আপনার মতলব আমি জানি! তবু ভয় নেই ডার্লিং... আমি হারবো না বলে ভয় ও পাই না!"

***

সেদিন রাতে একটা বিয়েবাড়িতে অনুষ্ঠান করে ফিরছিল দেবস্ব। পরনে সেই জোকারের পোশাক। বেশ রাত হয়েছিল। কাজেই সাজুর জন্য বিরিয়ানি নেয়া হলো না। বিয়েবাড়িতে ভালোমন্দ খেতে গিয়ে আজ দুপুরে সাজুর কথাটা মনে পড়ছিল।

কেমন করে পান্তাভাত দিয়ে পেঁয়াজ-কাঁচালঙ্কাই খাচ্ছিল মেয়েটা তৃপ্তি ভরে। নিজের এইসবে সমস্যা নেই দেবস্বের...কিন্তু সাজুর জন্য মন কেমন করে। মনেহয় ওকে ভালো রাখতে পারছে না দেবস্ব।

দোকান বন্ধ। বিরিয়ানি নিতে পারলে ভালো হতো। মেয়েটার থাওয়া দেখে শান্তি পেত অন্তত। কালই নিয়ে যেতে হবে সকালের দিকে।

রাতেও হয়তো ডাল আর আলুভাজা বাদে আর কিছুই মেলেনি মেয়েটার। বিয়েবাড়িতে থাওয়া হয়নি তাই ওর। পেট ব্যাথা বলে উঠে এসেছিল। যেইটুকু খেয়েছিল বমি করে উগরে দিয়েছিল।

কাল ভেবেছে একটা ফোন কিনে দেবে সাজুকে। কদিনের টাকা কয়েকটা করে রেখে হাজার টাকার মতো হয়েছে। ওটা দিয়ে অন্তত একটা ফোন হবে

কিপ্যাড। বাইরে গেলে মেয়েটার সাথে কথা বলা যাবে।

গেট খুলে দরজায় দাঁড়িয়ে শব্দ করে ডাকলেও উত্তর দেয় না সাজু।

মাথার ওপর তারার সাথে একটা গোল চাঁদ। তার আলোয় ভাসছে চারপাশ। চতুর্দিক শুনশান রাত বাড়ার সঙ্গে-সঙ্গে। দরজায় কান রেখেও ঘরের ভেতর সাজুর কোনও শব্দ পায় না ও।

ঘুরে গিয়ে বাথরুমের ওদিকটায় ছোট দেয়ালের ওপর দিয়ে উঠে নীচে কলতলায় লাফিয়ে নেমে ঘরের দিকে আসে।

এসেই মেঝেতে সাজুকে পড়ে থাকতে দেখে স্তম্ভিত হয়ে দাঁড়িয়ে থাকে দেবব্ত!

পর্ব-৯

ঘরে ঢুকে বিছানায় তুলে দেবব্ত সাজুকে।

তারপর ওর চোখে-মুখে জলের ছিটা দেয়,,,,

চোখ খুলে বসে পড়ে সাজু। অর্ধেক বোতল জল ঢকঢক করে গিলে খায় -"কখন ফিরলে দেব?"

-"এইতো এখনই,,,তুমি মেঝেতে পড়ে কেন?"

-"জানি না দেব। মাথা'টা চক্কর দিচ্ছিল। আর বাকিটা মনে নেই! তবে বমি হয়েছিল,,,"

বস্তির একজন ডাক্তার আছেন। সেই রতন কাকু। কিন্তু এখন ডাকা তো মুশকিল হবে,,, কি করে এত রাতে যাবে?

কাল সকালে নাহয় ডাকা যাবে।

-"এখন কেমন লাগছে সাজু?" পকেট থেকে বাদামের প্যাকেটটা বের করতে করতে বলে উঠলো দেবব্ত।

-"ভালো একটু.."

-"এখন খাবে?"

-"দাও দেখি। লবন লবন করলে মুখটা ভালো লাগতে পারে।"

রাতে দেবব্তের ঘুম হয় না ভালো। সারারাত সাজুর মাথাটা ওর নিজের বুকের ওপর নিয়ে ওর মাথায় হাত বুলিয়ে দিয়েছিল। এভাবে যখন ওর ঘুম ধরতে যায় তখনই সাজুর ঘুম ভাঙে মাথা ব্যাথার জন্য। পরে রাতে উঠে 'পেইন কিলার' খাইয়ে দেয় দেবব্ত। আর কি দিতে পারে এখন? সেই সকালের অপেক্ষা এবার।

ওষুধ খেয়েও ঘুম হয়নি ভালো সাজুর। সারাটা রাত আলো জ্বালিয়ে রাখতে হয়েছিল। তারপর মাথায় হাত বোলাতে হয়েছিল দেবব্তকে।

সকালে উঠেই সাজুকে ফ্রেশ হতে বলেই ডাক্তারের কাছে যায় ডাকতে।

চা বসিয়ে দেয় পাশের বাড়ির মনিকা নামের হারু কাকুর ক্লাস নাইনের মেয়েটা।

এই কদিনে বেশ ভাব হয়েছে কিনা মেয়েটার সঙ্গে সাজুর। কিছু খেলেই সাজু ওকে দিয়ে তারপর খায়।

সবসময় সাজুর সাথে থাকে ও,,,

ডাক্তার প্রথমে এসেই চা বিস্কুট খেলেন। সবাই মিলে চা খায়। সাজুর ভাল্লাগছেনা বলে ও খায় না।

ওর মাথায় তখন মনিকা নারকেল তেল বসিয়ে দিচ্ছে আস্তে-আস্তে।

সব চেকআপ হবার পরেই ডক্টর হাসলেন আলতো -"মিষ্টি খায়ওবি বাপ!"

কথাটা শোনার পর কিছুটা আন্দাজ করতে পারলেও বিশ্বাস যেন হচ্ছিল না দেবব্রের।

ও তো অবাক হয়ে তাকিয়েই রইলো সাজুর দিকে।

সাজুও ঠিক তাই। শুধু মনিকা মিটমিট করে হাসছিল।

সাজু আর দেবব্রের অবাক হবার কারণ হলো,,, ওরা কেউই এসময় বাচ্চা নিতে চায়নি। এই ওদের অভাবের সময় কি করে নতুন কাউকে ওদের মধ্যে আনবে!

তার জন্য সমস্ত রকমের পদ্ধতির অবলম্বন করেছিল। কিন্তু হট করে কি করে,,,

ডক্টর চলে যেতেই চিন্তান্বিত মুখে দুজন দুজনের দিকে তাকিয়ে।

সাজু বুঝতে পারলো না কি বলবে দেবব্র কে। লোকটা জানালার দিকে মুখ করে চেয়ারে বসে আছে।

কাছে গেল ওর সাজু -"তুমি কি ভাবছো নষ্ট করার কথা?"

সাজুর দিকে তাকালো দেবব্র। বুঝতে পারলো মেয়েটা ওর জন্য সব করতে পারে।

এটাও জানে যে-সাজু এই সন্তান হবার খবরটা পেয়ে খুব খুশি, কিন্তু প্রকাশ করছে না দেবব্রের জন্যই শুধু। কারণ ও জানে দেবব্র হয়তো এখন সন্তানের ঝামেলায় যাবে না।

সত্যিই এই বোকা মেয়েটা সব পারে! শুধু পারে না সাহস করে দেবব্র কে বলতে যে-ও সন্তানটা বড়ো করতে চায়।

যেন বাগানের কোনও এক কোনে এক গাদা আগাছা...যে সবসময় প্রস্তুত মালিকের হাতে উৎখাত হবার জন্য।

মেয়েটার জন্য বুক ফেটে কান্না বেরোলো দেবব্রতের। আবেগে ওকে বুকে জড়িয়ে নিয়ে বলে উঠলো -"ক

কি ভাবো কি তুমি সাজু নিজেকে? আমি কি বাবা হবার যোগ্য না? বাজে মেয়ে একটা,,,

আমি ওর বাবা হয়ে কি করে ওকে মেরে দিতে পারি! ভাবো তো কদিন পর আমাদের মাঝে একটা ছোট্ট হাত-পায়ের বেবি আসবে। ওকে দুজনে মিলে বড়ো করবো। খেলবে দুজনের সাথে। আমি ফিরলেই আমায় বলবে -বাবা আমার চকোলেট..." আর বলতে পারে না দেবব্রত। ভীষন বড়ো একটা নোনতা ঢেউ গলা আটকে দেয়।

সাজু ওর কথা শুনে হাঁ হয়েই থাকে ওর বুকের মাঝে। আরো, আরো জোরে ও ধরতে চায় দেবব্রত কে,,, যাতে এই সম্পর্কের গিঁট সব জন্ম অব্দি থেকে যায়।

****

পরদিন দুপুরে ঘর গোছাচ্ছিল সাজু। যদিও এখন ওর দেব বাবু ওকে তেমন কাজ করতে দেন না,,, তবুও করে সাজু বলে কয়ে।

এমন সময় দেবব্রত ঢুকলো হাসিমুখে। হাতে দুটো প্যাকেট।

অবাক হয়ে কাজ ফেলে চলে আসে সাজু -"কি গো?"

-"দ্যাহো না তুমিই..." সাজুর ভাষায় বলে উঠে দেবব্রত।

দেখে তো চোখ চড়কগাছ সাজুর -"এ কি বিরিয়ানি যে!" বলেই অন্যটা খুলেই একটু রাগী গলায় বলে উঠলো -"তুমি পারো বটে! আমার কি খুব ফোন দরকার এসময়?

একজন আসছে,,, তার জন্য রাখা চাই না? টাকা খরচ খালি করলে হবে?"

-"তো ওর জন্যই তো টুনির মা! আমি বাইরে বাইরে ঘুরি। তোমার কিছু হলে খবর পাব কিভাবে?"

-"কি? আমি টুনির মা?"

-"হুম গো। বড্ড ডাকতে ইচ্ছা করে,,, বাচ্চার নাম দিয়ে তার মাকে ডাকার..."

কপালে হাত ঠেকায় সাজু -"আর কি কি শখ?"

ওকে পিছন থেকে ধরে দেবব্রত। তারপর নিজের দিকে ঘুরিয়ে ঠোঁটের ওপর ঠোঁট রেখে বলে উঠলো -"এটাই এখন ইচ্ছা।"

ঠোঁটটা দেবব্রত ছেড়ে দিতেই "বাজে লোক!" বলেই নিজেকে ছাড়িয়ে নেয় সাজু। তারপর একেবারে সোজা রান্নাঘরে।

-"কই পালাও?"

-"রান্নাঘরে টুনির বাপ। বিরিয়ানি কি হাতে খাবে নাকি?"

-"বাবাঃ! এখন আমিই টুনির বাপ!"

-"মন্দ কি?" রান্নাঘরে থালাবাসন নাড়তে-চাড়তে বলে উঠল সাজু।

মেঝেতে আসন পেতে খেতে বসে দুজনে।

খেতে বসে ইচ্ছে করেই "খিদে কম" বলে চালিয়ে দেয় দেবব্রত। তারপর সাজুর পাতে বেশিরভাগটা দিয়ে তাকিয়ে থাকে দেবব্রত।

কালকের সেই সাজুর খাওয়ার দৃশ্যটা যেটা ওকে খেতে দেয়নি বিয়েতে অব্দি সেই দৃশ্যটাই যে ও ভুলে যেতে চায় এই তৃপ্তি ভরে খাওয়া একটা দৃশ্যটা দেখে। যাতে নিমেষেই সেই আগের দৃশ্যটা ভুলে যেতে পারে।

সাজুকে ভালোবেসে ওর একটু শান্তিতে যেন অনেক কিছু লুকিয়ে আছে দেবব্রতের। এই অল্পতেই খুশি থাকা মেয়েটার একটু সুখে যেন ও সব করতে পারে।

সত্যিই মাঝেমধ্যেই মনেহয় সাজু ঠিক বলে। ভালোবাসার ওপরে হয়তো কিচ্ছু হয় না...কিন্তু আবার যখন বাস্তবের মাটিতে টাকার অভাবে মুখ থুবড়ে পড়ে,,,তখন মেনে নিতে কষ্ট হয়।

****

একা থাকলে বাড়ির কথা বড্ড মনে পড়ে সাজুর। জানালার গ্রিল ধরে ঘরঘর করতে থাকা শহরের কারখানা পেরিয়ে একখন্ড নীল আকাশের মুখ দেখা যায়,,, সেদিকে তাকালেই ওর ডুডুয়ার কথা মনে পড়ে,,,মনে পড়ে গ্রামের লোকগুলোর কথা।

হয়তো এখন...কেউ মাঠে যাচ্ছে,কারোর বাড়ির গৃহিণী স্বামীর জন্য খাবার নিয়ে যাচ্ছে, দূরে কতগুলো বাচ্চা আমলকি বন, সেগুন বন, কুল বন ঘিরে হৈচৈ করে খেলা করছে।

এখানে এইসব নেই!

ছাগল, গরু,বিড়াল, কুকুর এরা যে কি করছে? সাজুকে হয়তো খুব খুঁজছে ওরা।

পিঁপড়িরা হয়তো ওর জীবনটা কল্পনা করছে। নিজের মতো করে।

টিনের চালের মাথায় দুটো ফিঙে নয়তো শালিক, ঘুঘু বসে তাকিয়ে আছে শূন্য ঘরের দিকে।

জানে না ওখানে কবে যেতে পারবে। যে জন্ম নেবে ওকে একবার ঠিক ওই গাঁয়ে নিয়ে যাবে সাজু। সব ঘুরিয়ে দেখাবে।

ওই ঘাটে বেঁধে রাখা ওর নৌকাটা। জোছনা রাতে বুঝি জেগে থাকে আজও ওর জন্য।

***

একদিন কথায়-কথায় দেবব্রত কে জিজ্ঞাসা করে বসলো সাজু -"তোমার কি চাই, ছেলে না মেয়ে?"

ওর ইচ্ছেটাই শুধু জানার ইচ্ছে ছিল সাজুর।

কিন্তু পুরো রেগে যাবে বুঝতে পারেনি।

বিরক্তি নিয়ে ওর দিকে তাকিয়েছিল -"পেটে একজনকে আদর করে ধরেছ... তা ওর লিঙ্গ নির্ধারণ করতেই হবে?"

-"মানে? লোকে তো কত আশা করে! কত কিছু বলে-এই হবে, সেই হবে... এই নাম রাখবো, সেই নাম রাখবো। তোমার নেই?"

-"তুমি লোকের সাথে আমাকে গুলিয়ে ফ্যালো এটাই তোমার দোষ। আমার কাছে দুটোই সৌভাগ্যের। ছেলে হলেও যা মেয়ে হলেও তাই। তবে দুটো নেব জানো। ওরা ভাই-বোনের সম্পর্কটা নাহলে বুঝতে পারবে না।"

কথাটা ঠিক বলেছে দেবব্রত। কখনো সমস্যায় পড়লে সাজুরও মনে হতো, যদি একটা ভাই কিংবা বোন থাকতো ওর!

আবার বলে ওঠে দেবব্রত -"আমি শুধু চাই তুমি আর ও সুস্থ থাকো ব্যাস।"

সত্যিই লোকটার কথাগুলো ভীষন অবাক করায় সাজুকে। পৃথিবীর সব স্বামী একদিকে আর ওর স্বামী একদিকে! যে কখনোই নিজের ইচ্ছে বউয়ের ওপর চাপিয়ে দেয়না। এমন একজনকে পেয়ে আরেকবার নিজের ভাগ্যের পরখ করে সাজু।

ঠাম্মিকে মনে-মনে ধন্যবাদ দেয়, এমন একজনের হাতে তুলে দিয়ে যাবার জন্য।

পর্ব-১০

এভাবেই আরো কয়েকটা মাস এগিয়ে গেল। জীবনের স্রোতে সেভাবেই ভেসে যেতে লাগলো দুজনে। অভাব থাকলেও একে অপরের ভালোবাসায় সেটা পুষিয়ে নিত।

সাজুর পেটে নতুন অথিতি এখন আরো বেশি করে নিজের অস্তিত্ব জানান দেয়।

মাঝেমধ্যে মায়ের পেটে লাথি মারে, কখনো নড়তে থাকে।

দেবস্ব ওর পেটে কান লাগিয়ে ওর পূর্বাভাস পেয়ে আনন্দে লাফিয়ে উঠে। এই আনন্দ যেন কোথাও মেলে না। কি শান্তি!

কবে যে ও ভূমিষ্ঠ হবে এই চিন্তা এখন। আর যেন তর সয় না কারোর।

মনিকার মা সাজুর সব বাছ-বিচার করে দেয়। কি করবে, কি করবে না, কি খাবে কি খাবে না...

ওনার থেকেই সবটা জেনে নেয় সাজু।

মাঝেমধ্যে ঠাম্মার জন্য মন কেমন করে। আজ যদি থাকতেন, সত্যিই বড্ড খুশি হতেন!

আগেই কত গল্প করতেন -"সাজু রে তর বিয়া দিমু হারাহারি কইরা... তর পোলা মেয়ারে দেখমু। তেল মালিশ করমু... চান করায়া দিমু কত ইচ্ছা!"

সাজু রেগে বলতো -"তুমি নাও বুড়ি। আমি মানুষ করমু..."

-"ফাজিল মাইয়া!"

-"ভয় নাই। কিচ্ছু হইবো না। ঠিক পাইবা,,,একখান স্বামী ন্যাও বাচ্চা নিবার লিগা।"

ঠাম্মি আর কিছু না বলে একটা অদ্ভুত চোখে ওর দিকে তাকিয়ে থাকতেন। পালিয়ে দৌড় দিত সাজু। একেবারে বাড়ির বাইরে ঘাসের বনে। কুকুরটা আর বিড়ালটা গিয়ে কাছ ঘেঁষে বসত। ছাগলের ছোট্ট ছানার দল ওর কোলে গিয়ে টিশ দিতে থাকতো।

-"সাজু?"

-"উম। কি গো?" স্বপ্নের ঘোর থেকে টেনে যেন সুর টেনে উত্তর দেয় সাজু।

বুঝতে পায় না কে ডাকলো। ও তো ওর গাঁয়ে ছিল এতক্ষন।

জানালার কাছে ঘেঁষে দেবস্ব ওকে নিজের বুকে নেয়। যখন জানালার কাছে দাঁড়িয়ে ভাবুক নিষ্পলক চোখে তাকিয়ে থাকে সাজু, তখন দেবস্ব জানে ও বাড়ির কথা ভাবছে।

আর কিছু না বলে চোখের জল ফেলে সাজু ও।

কিছু বলে না দেবস্ব। শক্ত করে ধরে শুধু দীর্ঘশ্বাস ফেলে একটা -"ঠিক একদিন যাব দেখো।"

***

নভেম্বর মাস চলছে। বেশ হালকা করে শীত পড়েছে কলকাতায়। তবে পছন্দের নয় তেমন সাজুর এই শীতটা। শীত তো ওদের উত্তরবঙ্গে।

যা কনকনে ঠান্ডা। লেপ মুড়ি থেকে বেরোনোর ইচ্ছে হতো না।

সকালে সবাই মিলে রোদ্দুরে বসত। হালকা গুঁড়ো রোদ্দুরে ভীষন ভাল্লাগে। কুকুর, ছাগল সব জড়ো হত। পাড়ার বয়স্ক লোকের আগুন জ্বালানোর পাশে গোল হয়ে লোক বসত সবাই। চা-বিড়ির আড্ডা তো থাকতই।

নদীর জল ছেড়ে কুয়াশা দলা পাকিয়ে উঠতো সেই রোদ লেগে। উত্তরের নীল পাহাড়ের চূড়া দেখা যেত দুপুর হবার আগে অব্দি, এমনকি উত্তর পশ্চিমের কাঞ্চনজঙ্ঘাও।

এখন নয় মাস চলছে সাজুর। আর বেশি দেরি নয়। ডক্টর ডিসেম্বরের শেষের দিকে তারিখ দিয়েছে।

দুজনের মন আরো উথলা থাকে সবসময়। সাবধানে রাখে দেবব্রত সাজুকে।

লোকটার নাম কোহিনুর হালদার। ওই যে আন্তর্জাতিক অনুষ্ঠানের কথা বলেছিল। ওনাকেই ফোন করেছিল দেবব্রত।

উনিই দেবব্রতের ফোন পেয়ে ভীষন খুশি। তবে আপাতত ওই আন্তর্জাতিক প্রতিযোগিতার অনুষ্ঠানের কোনও ব্যাপার নেই।

তবে উনি বেশ কিছু শিল্পী নিয়ে সিঙ্গুর যাচ্ছেন।

ওখানে বেশ দশদিন থাকবে। আর এক একজন শিল্পীকে বেশ মোটা অংকের টাকা দেবেন।

ওখানে বেশ বড় একটা অনুষ্ঠানের আয়োজন হয়েছে। যেখানে প্রতি বছর এসময় করে অনুষ্ঠান হয়। আর সব রকমের অনুষ্ঠান হয়। দেশ-বিদেশের নানান জায়গা থেকে লোক এসে থাকে। একটা বড়ো ময়দানে অনেক বড়-বড় মঞ্চ থাকে। দেশের মন্ত্রীরাও এসে থাকেন এই অনুষ্ঠানে। কয়েক বিঘে জায়গা নিয়ে মেলা ও অনুষ্ঠানের আয়োজন করা হয়।

এগারোই ডিসেম্বর থেকে অনুষ্ঠান শুরু। ওনারা দশই ডিসেম্বর সব রওনা হবেন। কাজেই সেদিনই সকাল নাগাদ যেতে বলা হয় দেবব্রত কে।

এসময় সাজুকে ফেলে যেতে না চাইলেও সাজু জোড় করে রাজি করায়।

এখনো দেরি আছে প্রায় মাসখানেক ওর প্রসবের। তার আগেই দেবব্রতের হয়ে যাবে প্রোগ্রাম। তবে ভয় কিসের। আর কিছু হলে ঠিক জেনে যাবে দেবব্রত। সিঙ্গুর তো ওদের এই কসবা থেকে তেমন দূর ও নয় যে আসতে পারবে না...কাজের ফাঁকে ঠিক চলে আসতে পারবে। আর বস্তির লোকজন আছে, ভয় ও নেই তেমন। ঠিক সব ম্যানেজ হবে। কিন্তু দেবব্রতের কাজে না গেলে হবে? প্রসবের সময় কার কখন কি সমস্যা হয় বলা মুশকিল! কাজেই

টাকাটা অন্তত হাতে রেখে দেয়া উচিত।

কোহিনুর বাবু আবার ফোন করে জানান যে ওখানকার কমিটি দেবব্রতকে আরো একটা কাজ দিতে চান। কোহিনুর বাবু ওর ভালো কাজের কথা বলতেই ওখান থেকে প্রস্তাবটা দিয়েছে।

দেবব্রত যদি কোহিনুর বাবুদের এক-দেড় ঘন্টার স্টেজ প্রোগ্রাম শেষ করে মেলায় লোক হাসানোর কাজটা করতে পারে, তবে রাত পিছু ওকে সাত হাজার করে টাকা দেবে। মেলা শেষ হতে রাত একটা হয়ে যায়। তখন অব্দি করতে হবে, ওর প্রোগ্রাম শেষ করার পর। দশদিন করলে সত্তর হাজার টাকা। রোজ সাত হাজার করে দিয়ে দেবে মেলা শেষের পর, ওর কাজ শেষের পর।

দেবব্রত জানে না এটা স্বপ্ন কি না! সাজুকে এখনই কোলে তুলে নাচত... যদি না ও গর্ভবতী হতো।

সাজুর পেটে চুমু দিয়ে বলে উঠে "এ হয়তো আমাদের সৌভাগ্যের প্রতীক। দ্যাখো কেমন আসতে না আসতেই বাবার ভাগ্য ফিরিয়ে দিল।"

সাজু শুধু হাসে। এখন ভালোয়-ভালোয় সবটা মিটে গেলে হলো।

একদিন ডক্টর দেখাতে গিয়ে হাসপাতালের মোড়ে জাগ্রত লোকনাথ বাবার মন্দিরে মানত করে এসেছে। যদি ওর দেব বাবুর ভালো কিছু হয় তবে ভোগে ভরিয়ে দেবে।

সত্যিই তবে খেটে গেল কথাটা। এবার ওর বাচ্চাটা হলে তিনজনে মিলে পুজো দিতে যাবে পরে।

এদিকের সত্তর হাজার আর কোহিনুর বাবুর স্টেজ প্রোগ্রামের টাকা। সব মিলিয়ে বেশ ভালোই হবে। টাকাটা পেলে অন্য কিছু ভাবা যাবে।

***

সাজুকে মনিকার বাড়িতে দেখতে বলে বেরিয়ে যায় দেবব্রত। হরিহর বাবু ও ওর টিমের থেকেও বিদায় নেয়। হরিহর বাবুর একটাই চিন্তা -"এত ভালো সুযোগ পেয়ে এবার না ওকে ভুলে যায় দেবব্রত।"

দেবব্রত হাসে -"কোথায় যায় যাক, ঘরের ছেলে
শেষে ঘরেই ফিরে আসে "

সাজুকে ফেলে যেতে আবার কষ্ট হয়। চোখ গড়িয়ে কখন যেন তপ্ত নোনাজল গড়িয়ে পড়ে।

কসবায় বাড়ি কোহিনুর বাবুর। ওখানে পৌঁছায় দুপুর নাগাদি।

একটা বাস ভাড়া করেছেন কোহিনুর বাবু। জোকার বাদেও সেখানে ডান্সার-সিঙ্গার ইত্যাদি শিল্পী আছে।

সবার সাথেই পরিচয় করিয়ে দেয় দেবব্রতের কোহিনুর বাবু। আর ওর কাজের প্রশংসা এত করেছেন সবার কাছে যে, সবার মধ্যে দেবব্রতের জন্য আলাদাই একটা সম্মান এসেছে। লজ্জা লাগে দেবব্রতের।

তবে সত্যিই কোহিনুর লোকটা খুব ভালো। নাহলে ওর জীবনটা এভাবে এগোতে পারতো না।

***

সিঙ্গুরেই অপূর্বপুর বিনাপানি ক্লাব। ওখানে গিয়ে নামে একেবারে।

বিশাল বড়ো ক্লাব। পাশেই কয়েক বিঘে জুড়ে মাঠ। সবটা ঘেরাও করা।

ক্লাব চত্বর আর মাঠের সবটা এখনো অব্দি সাজানো হচ্ছে। শেষবারের মতো হাত বোলানো হচ্ছে লাইটিং ও অন্যান্য কাজে। পুলিশ পাহারায় থাকবে কাল থেকে। সব আজ ঠিক করা হচ্ছে।

বাইরে বড়ো বাজার। বেশ জমজমাট জায়গাটা। তার ওপরে কাল অনুষ্ঠান।

বাস থেকে নামতেই ওদের কমিটির লোক তিনতলায় নিয়ে যায়। পাঁচতলা জুড়ে ক্লাবটা। দূরের সব শিল্পী এখানেই থাকবেন। ওদের সবাইকে পাঁচতলার কয়েকটা ঘর ছেড়ে দিয়েছে। সব ফ্লোরে বাথরুম আর জলের সুব্যবস্থা থাকার জন্য সমস্যা হয় না।

বিকেল গড়িয়ে গিয়েছে ততক্ষনে। ওরা দশজন মতো ছেলে মিলে এক কিঃমিঃ দূরের বাজারে যাবে। দেবব্রত না যেতে চাইলেও জোড় করে নিয়ে যায়। সিঙ্গুরের জনপ্রিয় ফুচকা কত শুনেছে...এসে না খেলে হয়? কাল থেকে তো সবাই সময়ই পাবে না।

যা ভিড় হবে।

কাজেই দেবব্রত কেও যেতে হয় ওদের সাথে। সব হল্লোড় করে ট্যাক্সি ভাড়া করে চলে যায়। বাকি ছেলে-মেয়েরা জায়গাটা ঘুরছে।

***

পরদিন বিকেল হতেই সেজে উঠলো প্রাঙ্গণ। আলোয়-আলোয় সেজে উঠলো সবদিক। লোকের ভিড় জমে গেল। এক-একটা স্টেজে এক একটা অনুষ্ঠান শুরু হয়েছে।

সব ধরনের নৃত্য, অঙ্কন, গান, নাটক, অর্কেস্ট্রা, আবৃতি থেকে কুইজ সমস্ত কিছুই আয়োজিত হয়েছে। এক একটা গ্রিনরুম শিল্পীদের ভিড়ে মশগুল।

দেবস্ব দের দুই নম্বর স্টেজে পড়েছে। ওদেরই জোকারের অনুষ্ঠান চলবে এখানে শুধু। দেশ-বিদেশের সব রকমের জোকার আসবে। অনেকের সাথেই কথা হয়েছে দেবস্বের, হয়েছে বন্ধুত্ব।

মেকআপ আর্টিস্ট আছে ওখানে। প্রথম মঞ্চে উঠবে দেবস্ব। কারণ কমিটির বিশ্বাস দেবস্ব সত্যিই খুব দারুন অনুষ্ঠান করতে পারবে। ও এক একটা দৃশ্যে সত্যিই লোক না হেসে পারবে না। দুপুরে রিহার্সাল হবার সময়ই বেশিরভাগ হাততালি দেবস্বের জন্যই পড়েছিল!

সবচেয়ে হাততালি পড়েছিল যখন ও দেখিয়েছিল একদিকে বুক ভাঙছে কিন্তু অন্যদিকে জোকার হাসিয়ে যাচ্ছে লোককে। মূর্তির ন্যায় হাত ভাঙার নানান অঙ্গিভঙ্গি করতে গিয়েই চোখের জল মুছে নিচ্ছে। আবার হেসে উঠছে! আর সেই হাসির ভঙ্গিমা দেখে লোকে হাসলেও তার ভেতরে যে দন্ধ হচ্ছে। পিছন ঘুরে কাঁদলেও সেটাকেই পিছনে হাসির খোরাক করছে!

সত্যিই লোক অভিভূত। এ তো শুধু হাসাতেই নয়, শিক্ষা দিতেও পারে জন্য।

তবে অনেকটাই দেবস্বের নিজের বানানো।

কত রকমের অঙ্গিভঙ্গি পারে ও!

কমিটির হর্তাকর্তা সাধুবাদ জানায় কোহিনুর বাবুকে এমন একজনকে এবার এনে দেবার জন্য।

সত্যই ওনার হাত ধরে না এগোলে দেবস্বের মতো একজন বড় মাপের শিল্পী চাপা পড়ে থাকতো।

আর একটা কারণ আছে ওকে আগে দেয়ার, তা হলো এটা হবার পর ওকে মেলার কাজটা করতে হবে। তবে ওর পিছনে ঠিক লোক থাকবে। যাতে না ওর সমস্যা হয়।

ওর মতো করে ওকে সাজানো হয়। তবে একটু নতুনত্ব রাখাও হয় মেকআপ আর্টিস্টদের দৌলতে।

ঘাড় অব্দি ছাড়া চুল। সাদা করে দেয়া মুখ, ঠোঁটের ওপর থেকে দুপাশে গালের উঁচু অব্দি লাল রঙ করা, নাকের ওপর একটু লাল, চোখের পাতার নীচে ও ভ্রুর ওপরে নীল রং করে লম্বা করে দেয়া।

পরনে নীল শার্ট ও মেরুন কোট। সঙ্গে কালো প্যান্ট ও কালো শু।

সাজগোজ হয়ে যাচ্ছে প্রায় যখন,,,,তখনই ফোন এলো মনিকার বাড়ি থেকে।

"এক মিনিট" বলেই উঠে ঘরের এককোণে যায় দেবস্ব। গানের শব্দে শোনা যায় না তেমন...তবুও শুনতে চেষ্টা করে।

-"সাজুকে নিয়ে হাসপাতালে যাচ্ছি। প্রসব যন্ত্রনা উঠেছে। আমি তোর কাকু আর পাড়ার একজন।"

মনিকার মা বলে উঠলো।

সঙ্গে-সঙ্গেই বিদ্যুৎ খেলে যায় দেবস্বের গায়ে। সাজুকে যে বলেছিল -ও এসময় সাজুর সঙ্গেই থাকবে, যাই হোক না কেন?

কিন্তু এখন! এত তাড়াতাড়ি হবে বুঝতে তো পারেনি দেবস্ব।

অন্যদিকে কাকিমা বলে ওঠে ততক্ষনে -"ভাবিস না। আমরা আছি। তুই কাজ কর। টাকাও লাগবে তো নাকি? সাজু বলেছে তোকে মন দিয়ে কাজ করতে।"

একটু হেসে আবার নিজের জায়গায় যায় দেবস্ব। শেষের কথাগুলো ভীষন ভরসা দেয় ওকে। মেয়েটা এসময়ে গিয়েও ওর জন্য ভেবেছে! সত্যিই ভাবা যায়!

নাহ ওকে ভালো করে করতে হবে। প্রোগ্রাম শেষ করেই আবার মেলার কাজ আছে। কমিটি চায় সর্বক্ষণ এই মেলায় লোকেরা আনন্দে কাটাক। তাই ওকে টাকা দেবে এতগুলো।

আর সেই টাকাটা ওর নতুন বাবুটার জন্য খরচ করবে। ও যে চায় না অভাব অনটনে বড়ো হোক ও।

সত্যিই বাবাগুলো এমনই যেন হয়। নিজের হাজার অভাব থাকলেও নিজের রক্তকে কখনো অভাব বুঝতে দিতে চান না।

তাই হয়তো বাবরও বলেছিল নিজের জীবন দিয়ে -'আমার সন্তান যেন থাকে দুধে-ভাতে'

সিঁড়িতে পা দেয় দেবস্ব। এত বড় মঞ্চ। মঞ্চের আলো এখান থেকেই দেখা যায়। কত রংবেরঙ্গি আলো খেলে যাচ্ছে মঞ্চে। সঙ্গে গান তো আছেই।

তার নিচেই লোকের চিৎকার আর হল্লা শোনা যায়। যখনই শুনেছে সেরা জোকার আসছে, তখনই সবার মধ্যেই উৎকন্ঠা কাজ করছে যেন।

ভীষনভাবে দুর্বল যেন হয়ে পড়ে দেবস্ব। কাঁপছে শরীর। এত বড়ো মঞ্চ আর এত লোকজন...কেমন যেন সব হচ্ছে! কখনোই এমন হয়নি ওর!

হয়তো খুব কষ্টে জীবনে উন্নতির ধাপ এলে তখন এমনই হয়।

চোখ বুজে সাজুর কথা ভাবলো ও। ভাবলো বাবা-মায়ের কথা, ওর ভগবানের কথা। ওকে পারতেই হবে।

কোহিনুর বাবু পিছন থেকে বলেই যাচ্ছেন -"পারবে তুমি। যাও..."

এমন সময় নিচের টেবিলে ওর ফোনটা বেজে উঠলো। সেদিকে ফিরে তাকালো দেবব্র। কেন যেন হৎপিণ্ডের উঠানামা বেড়ে গেল নিমেষেই!

পর্ব-১১

গানের শব্দের জন্য ঘরের অন্য কোণ গিয়ে ফোনটা কানে ধরে দেবব্র। আর ধরতেই শুনতে পায় কাকিমার গলা -"হ্যালো দেবো...?"

"কাকিমা বলো।"

"বাবা সাজুর অবস্থা খারাপ জন্য আর কোনও উপায় না পেয়ে কসবা'রই 'দায়িত্ব' নার্সিং হোমে ঢুকিয়েছি। আসলে সাজুর খুব-খুব ব্যাথা হচ্ছিল বলেই আর কোনও দিশা করতে পাইনি আমরা!

তবে এখন জানি না কেমন আছে!"

-"মা-মানে কাকিমা?"

-"এখানে আনার পরেই ভেতরে নিয়ে গেল ওকে। তারপর কি হয়েছে জানি না! কোথায় আছে জানি না!

একটু পড়ে বললো এসে যে ওর একটা ছেলে বাচ্চা হয়েছে। কিন্তু আমাদের হাজার অনুরোধেও কাউকে ভেতরে গিয়ে দেখা করতে দিচ্ছে না! না তো সাজুর সাথে দেখা, আর না তো বাচ্চার সাথে দেখা! আমরা কারোরই দেখা করতে পারিনি! নার্সিংহোমের লোক শুধু বলছে-টাকা জোগাড় করতে।

সাজুর কাছে তুই যে সাত হাজার টাকা দিয়েছিস, সেটা জমা দেয়া হয়েছে। কিন্তু আর বাকিটা চায়। সিজারের টাকা থেকে শুরু করে যা-যা বিল আছে সব! এখন একদিনেই কয়েক হাজার টাকা বিল হবে! সপ্তাহ হলে লাখ তো পেরোবেই। তুই তাড়াতাড়ি টাকার জোগাড় কর! অন্তত দেখা তো যাবে! নাহলে ওরা কেমন আছে না আছে..."

-"কা-ক-কী!" এই তিনটে শব্দ বাদে আর কিছুই বলতে পারল না দেবব্র! গলার কাছটায় কি একটা ঢেউ সুনামির মতো তোলফার হতে লাগলো,,,

কথাটা কেড়ে নিল!

বড্ড ইচ্ছে করছে ছুটে গিয়ে ভূমিষ্ঠ হওয়া বাচ্চাটা আর সাজুকে বুকে জড়িয়ে নিতে!

কিন্তু নাহ!

কান্নার জলে যেইটুকু মেকআপ উঠে গিয়েছিল সেইটুকু আবার করে নেয় দেবব্র! আর কি করবে?

এত লোক অপেক্ষায় ওর! যদি ও না হাসাতে পারে তো এই লোকগুলো টাকা দেবে না ওকে,,,

আর সেই টাকা না পেলে ওর সাজু আর ওই সোনার টুকরোটাকে দেখতে পাবে নাহ!

কোহিনূর বাবুকে শুধু বলেছে কথাটা -"আমার স্ত্রী সন্তান জন্ম দিয়েছে। টাকা লাগবে নার্সিং হোমের বিক হিসেবে। সেটাই..."

এইটুকুর বাইরে আর কিছুই বলতে পারেনি দেবব্ব। বাকিরাও এইটুকুই জানে।

সিঁড়ি বেয়ে পর্দার পিছনে গিয়ে দাঁড়ালো! চোখের সামনে বালির বাঁধ জলের তোড়ে ভেঙে যেতে চাইলও প্রানপনে চেপে রইলো ও! এসময় কাঁদলে হবে নাহ!

ভেতরের একঝলক আলো মুখে এসে পড়ল ওর। মঞ্চে অ্যযঙ্কারিং করছে একজন -"আসছে এবারই সেরা একজন জোকার! হম তোমরা জানো যার নাম দেবব্ব...যার খেলা হাজার-হাজার দর্শকের মন কেড়েছে... যার এক-একটি দৃশ্যে হাসতে-হাসতে লুটিয়ে পড়েছে দর্শক,,, এবার সেই লোকটাকে হাজির করবো আমাদের মঞ্চে। আর অবশ্যই তালি দিয়ে সবাই তার মনোবল বাড়িয়ে দেবে।"

এক পা এক পা করে মঞ্চে উঠতে লাগলো দেবব্ব। হাজার আলোর রোশনাই চোখ-মুখে জ্বালা ধরিয়ে দিতে লাগলো! হাজার-হাজার তালির মাঝে নিভে গেল এক জোকারের ভেতরে হাহাকার করা যন্ত্রণাটা!

বড্ড মনে পড়ছিল মেয়েটার কথা -"ভালোবাসার ওপরে কিচ্ছু নেই!"

তাই মেয়েটা যাকে ভালোবাসার নীচে রেখেছিল সর্বদা, সেই টাকা,,, সেই তার জন্যই কাছে যেতে পারছে না দেবব্ব! সেই যন্ত্রনা নিয়েও লোক হাসাতে হচ্ছে! বুঝতে পারছে বুক পকেটেই সুখ থাকে জীবনের, যদি সেটা টাকায় ভর্তি হয়!

মেয়েটার সাথে দেখা হলেই কান মূলে দেবে! মিথ্যে বলে খুব মেয়েটা!

সেই আরেকদিন বলেছিল মেয়েটা -"এই যে দেখছেন মঞ্চের নীচে এত লোক,,, এরা সবাই ক্লান্তির পর আপনার কাছে হাসতে এসেছে। আপনার কষ্টের কথা শুনতে কিন্তু নয়! আজ আপনি আপনার কষ্টের কথা বলুন, দেখুন কাল আর কেউ আসবে না, কেউ না! জোকারদের কষ্ট পেতে নেই জানেন। না তো কষ্ট কাউকে বলতে আছে! জোকারদের কাছে লোক টাকা দিয়ে হাসতে আসে কাঁদতে নয়! তাই যেখানে আপনার কষ্ট কেউ বুঝবে না

সেখানে কষ্টের কথা ভাগ করে নেওয়াও বৃথা!"

তাই এতগুলো লোকের তালি দেখে সেই কথাটাই মনে পড়লো দেবশ্বের! কাঁদলে এরা কেউ থাকবে না!জোকারের কাছে যে লোকে হাসতে আসে।

পর্ব-১২

নিজেকে অসহায় লাগছিল দেবশ্বের। এই মুহূর্তে বুঝতে পারছিল একজন গরিব মানুষকে টাকার জন্য কতটা অসহায় অবস্থায় পড়তে হয়! টাকার জন্য কি করে এক গরিব অসহায় লোকের বেঁচে থাকার ইচ্ছেটা মরে যায়!

কি অদ্ভুত একটা পৃথিবী তাইনা?

গরিবরা দেয়ালের পর দেয়াল গড়ে বহুতল বাড়ি গড়ে, অথচ তারাই কখনো পাকা ঘরে শুতে পারে না!

যেই জিনিসটা নিজেরা সৃষ্টি করে দিন এনে দিন খায়,,, সেই জিনিসটাই বড়লোকেরা ব্যাবসায় লাগিয়ে কোটিপতি হয়ে যায়!

স্রষ্টা যেখানে লাঞ্ছিত!

ঠিক তেমনই জোকার হাজার লোকের মুখে হাসি ফোটাতে গিয়ে নিজের হাসিটা কোথায় হারিয়ে গিয়েছে, খুঁজে ফেরে ঘুরে,,, কিন্তু পায় না!

প্রথম ওর গানের সুরের সাথে নাচ দেখেই তো লোক বাজিমাত। সিটি মারতে লাগল কেউ,কেউ বা হাততালি।

হাজার ক্যামেরার স্ক্রিনে ধরা পড়তে লাগলো ও।

না হাসলেও মুখে হাসির ছবি তো আঁকাই আছে!

লোকে আর বুঝবে কি করে,,,

একটার পর একটা খেলা দেখাতে লাগলো। লোকে হাসতে-হাসতে গড়িয়ে পড়ল।

কখনো ইঁদুরের মতো করে মাইক্রোফোনের স্ট্যান্ড ধরে উঠতে গিয়ে নীচে পড়ে গেল,,, কিংবা কখনো পুতুল হয়ে পুতুলনাচ দেখাতে লাগলো! নিজের হারানো প্রেমিকার হয়ে গান গাইতে লাগলো সুর করে,,,

আবার কখনো বা নিজের বুক পকেটে থেকে বের করে আনলো লাল কলিজা রঙের একটা 'লাভ' চিহ্ন। নয়তো দুটো সাদা পায়রা।

কখনো ঢুকে গেল বসে থাকা লোকটার চেয়ারের নিচে! কখনো আবার উড়তে গিয়ে ধপাস করে পড়লো!

আবার কখনো কষ্টের যন্ত্রনা লুকিয়ে রেখে সবার কাছে কিভাবে হাসতে হয় সেই খেলা দেখালো!

আর চারদিক ফেটে পড়লো তালিতে।

বাহবা দিতে লাগলো ওকে সবাই। মঞ্চে দেখে ছবি-ভিডিও করেই হয়নি। মঞ্চ থেকে নামতেই সবাই ছেঁকে ধরলো ওকে। ছবি আর অটোগ্রাফের জন্য।

এটা ঠিক যে, আর ওকে পিছন ফিরে তাকাতে হবে নাহ! এখন জীবনে শুধু এগোনোর পালা। কোহিনুর বাবুর জন্যই সবটা।

খুব তাড়াতাড়ি সামান্য ছেলেটা সবার কাছে পৌঁছে গেল।

তবে যাদের জন্য এইসব,,, তারা?

মঞ্চে একজনের পর একজন জোকার উঠতেই লাগলো।

আর নতুন মেকআপ লাগানো হলো দেবস্বকে। যাতে কেউ চিনতে না পারে মঞ্চে যে খেলা দেখাচ্ছে, এটাই এখন মেলায় লোক হাসিয়ে ঘুরছে। মঞ্চের দেবস্বের যে খুব দাম! খুব ভালোবাসে লোকে সেই দেবস্বের খেলা।

কিন্তু সেই ভালবাসা দিয়ে কি হবে? টাকা যে পাবে বেশি মেলায় ঘুরে-ঘুরে খেলা দেখালে।

ভালোবাসায় কি সব হয়? সব মেলে?

***

কষ্টটা কখন ডুবে গিয়েছে এতকিছুর ভিড়ে জানে না দেবস্ব। মাথায় সবুজ জোকারের চুল লাগানো হলো ওর। পোশাক আলাদা পড়ানো হলো। মুখের মেকআপ আলাদা।

লোকের কাছে গিয়ে-গিয়ে খেলা দেখাতে লাগলো। কারোর বা কাছে গিয়ে তাকে ধরে নাচতে লাগলো। নয়তো কারোর খেতে থাকা জিনিসটা নিয়ে ভ্যানিশ করে দিয়ে আবার এনে দিতে লাগলো।

লোক না হেসে কিংবা অবাক না হয়ে পাড়লো না।

কমিটির লোক সত্যিই খুব খুশি! মেলার এক একটা লোকের থেকে এবারের মেলার এত প্রশংসা শুনে ধন্যবাদ দিলেন কোহিনুর বাবুকে। উনি নাহলে হতো না হয়তো!

এভাবেই একটা বাচ্চাকে নিয়ে খেলতে গিয়ে বুঝতেই পারেনি যে পিছনে কখন একটা মেয়ে এসে দাঁড়িয়েছে। আর একেবারে তার গায়ের ওপর গিয়ে পড়েছে দেবস্ব।

কিছু বোঝার আগেই নাকে-মুখে কয়েকটা ঘুষি অনুভব করে। তাকিয়ে দেখল মেয়েটার প্রেমিক রাগে ফুঁসছে। আর সেই ওকে মেরেছে।

আশেপাশে অনেক লোক জমা হয়েছে।

ধুলো ঝেড়ে উঠে বললো -"স্যরি,,, আসলে"

"সালা ভ্যাট জোকার! বাড়ি গিয়ে মা-বোনের সাথে এমন গা ছোঁয়া জোকারগিরি কর যা!" বলেই ছেলেটা ওকে ধরে আবার মারতে শুরু করে দেয়।

যন্ত্রণার ওপর আরো যন্ত্রনা পেলে হয়তো একটা পশুও খাবলে নিতে প্রস্তুত হয়। আর দেবব্রত তো একটা মানুষ!

রাগ-যন্ত্রনায় একাকার হয়ে ওর মধ্যেও একটা হিংস্রতা ফুটে ওঠে!

নিজের শক্তি সেও তখন খুঁজে ফেরে শেষটুকু নিংড়ে নিয়ে! নিমেষেই ছেলেটাকেও কিল-ঘুষি মারতে শুরু করে -"আমি ঘেন্না করি তোদের মতো বড়লোকদের। যারা গরিবদের সবসময় নগন্য মনে করে! আমি তোকে মেরে ফেলব। তোরা হয়তো ভুলে যাস, একটা গরিব ফসল না ফলালে... তোরা খাবার ও পেতিস না!"

কমিটির লোক এসে থামিয়ে দেয় দুজনকে। দেবব্রতকে ঘরে নিয়ে যায়। তারপর ঔষধের ব্যবস্থা করা হয়। ছেলেটাকেও বাড়ি পাঠানো হয়... মেলা কেমন একটা এলোমেলো হয়ে যায়!

তবে ভাগ্যিস ছেলেটা চিনতে পারেনি দেবব্রতের মুখটা। কাল ওকে অন্য মেকাপ করে দিলেই হবে!

***

ব্যান্ডেজ বাঁধা হয় দেবব্রতের মাথায়। আর বাকি জায়গায় মানে -নাকে, ঠোঁটে ঔষধ লাগানো হয়।

বিশ্রাম করে অনেক্ষন।

তারপর রাত হলে আজকের হাজিরা যখন চাইতে যায় দেবব্রত, তখন পায় না।

জানিয়ে দেয়া হয়, আজকে বেশিক্ষন না করার জন্য, এক হাজার টাকা পাবে মাত্র।

তারমানে আজকেও বাড়ি ফেরা হবে না একবারের জন্য!

পর্ব-১৩

সকালের দিকে চোখটা লেগে এসেছিল। তার আগে একটুও ঘুম হয়নি! সেই কয়েক মিনিট হয়তো ঘুমিয়েছিল।

সকালে উঠেই মনে হলো হাতে হাজার টাকাটা তো আছে,,,ওইটুকু দিয়ে অন্তত দেখা তো করে আসা যাবে।

কোহিনুর বাবুকে বলে যখন বেরোলো তখন সকাল সাড়ে সাতটা বাজে। বেশ কুয়াশা তখনো লেগে জায়গায়-জায়গায়।

বাসস্ট্যান্ড অব্দি রেখে এলো একটা ছেলে। বাজারে এসে বাচ্চার জন্য কয়েকটা পোশাক আর সাজুর পড়ার সুবিধার জন্য কয়েকটা নাইটি নিয়ে নিল। সাজুর কচি কলাপাতা রঙটা প্রিয়, ওই রঙেরই দুটো নাইটি নিলো।

গাড়ি জ্যাম পেরিয়ে যখন 'দায়িত্ব' নার্সিং হোমের সামনে এলো তখন নয়টা বেজে গিয়েছে।

বেশ বড়ো নার্সিং হোম। চারতলার মধ্যে তিনতলা ডেলিভারি ফ্লোর।

মণিকা'রা বাইরেই ছিল। গিয়েই দেখা হতেই বলে উঠলো কাকিমা -"সাত টায় ভিজিটিং আওয়ার ছিল। আমরা গেলাম,,,ডক্টর শুধু খাতা দেখে বললো ভালো আছে। কিন্তু দেখা করতে দিলো না। বললো আগে টাকা...আমাদের ওপর হয়তো বিশ্বাস করছে না যে আমরা টাকা দেব কি না!"

গেটম্যানের কাছে গিয়ে দাঁড়ালো দেবব্ব। লোকটা চেয়ার নিয়ে বসে ঝিমাচ্ছিল মোটা সোয়েটার পড়ে।

-"এখন কি যাওয়া যাবে ভেতরে। আসলে আমার বউ আছে..."

লোকটা চোখ খুলে সোজা হয়ে বসলো। ভারী গলায় বলে উঠলো -"ভিজিটিং আওয়ার এর মধ্যে না এলে দেখা করা যাবে না জানেন না। সকাল সাতটা আর সন্ধে সাতটার সময় শুধু ভিজিটিং আওয়ার...জানেন তো। তাহলে থামোখা কেন ডিস্টার্ব করছেন।"

-"প্লিজ...আমি এই দুটো সময় কিছুতেই আসতে পারবো না। প্লিজ একটু বোঝার চেষ্টা করুন। আমি শুধু যাব আর আসবো..."

অনেক ঝোলাঝুলির পর লোকটা ভেতরে যায় ব্যাপারটা জানাতে। আর সঙ্গে রোগিণীর নাম শুনে নেয়।

একটু পর ফিরে এসে বললো -"আগে রিসেপশানের ওখানে যাবেন। ওনারা ওনাদের সাথে আগে কন্টাক্ট করতে বলেছেন।"

বুকের মাঝে সুখের ঢেউ যেন এবার ওঠানামা করতে লাগলো। দৌড়ে সেদিকে গেল দেবব্ব। মুখে এক সরল হাসি -"আমি আসছি সাজু।"

পাশে অ্যাকাউন্টেন্ট এর লোক আর বাঁদিকে খাতা নিয়ে বসে মাঝ বয়সী লোকটা -"আপনার পেশেন্টের নাম সাজু? কাল ছেলে সন্তানের জন্ম হয়েছে তো?"

-"হম,,, হম..." তাড়াতাড়ি বলে উঠলো দেবব্ব। ভাবলো এখনই বলবে -যান দেখা করে আসেন।

কিন্তু না। ওকে সোজা বলে দিল -"আমাদের দেখা করতে দেয়ার পারমিশান নেই। আপনাকে আছে টাকা জমা দিতে বলা হয়েছে।"

-"মা-মানে?" বুজে আসা স্বর দেবস্মের।

-"হুম। আপনি টাকা জমা দেবেন তারপর..."

-"এমন আমি কখনো শুনিনি! আপনারা কি বলছেন? সবাই তো দেখা করতে পারে। ছুটির সময় টাকাটা..."

একটু বিরক্ত এবার লোকটার গলায় -"আমাদের কিছু করার নেই! আপনি এখনো মাত্র কয়েকটা টাকা বাদ দিয়ে একটা টাকাও দেননি। আপনার তাই পারমিশান নেই .."

-"কত টাকা হয়েছে?"

-"এই কাল আর আজ মিলিয়ে... " বলেই হিসেব করে বলে উঠলেন উনি "পঁচিশ হাজার।"

-"কিঃ?"

-"হুম।"

-"টাকা নিয়ে এলে দেখা করতে দেবেন তো?"

-"একদম।"

-"সাজু আর ছেলে কেমন আছে? খাবার-দাবারের কোনও সমস্যা?"

-"ভালো আছেন। আমরা কোনোওকিছু সমস্যা রাখবো না। আপনি শুধু টাকা জোগাড় করুন..."

-"এই জিনিসগুলো একটু দেবেন ওনাকে?" বলেই চোখের জল মুছে প্যাকেটগুলো দেয় দেবস্ম। যেখানে সাজু আর ওর ছেলের জন্য কাপড়-চোপড় আছে।

লোকটি নিয়ে বললো -"ওকে।"

বেরিয়ে এসে ওপরের দিকে তাকিয়ে আলতো হাসলো দেবস্ম -"ভয় পেও না সাজু। আমি শীঘ্র আসবো..."

চোখের কোণে না চাইতেই ফোঁটা-ফোঁটা জল পড়তে লাগলো ওর! বুকের বাঁদিকে ভীষন রকমের যন্ত্রনা হতে লাগলো! আরও একবার খুব কাছে থেকে সাক্ষী থাকলো-টাকার জন্য গরিবদের কতটা অসহায়তায় পড়তে হয়!

বস্তির আর কেউ থাকবে না। যেহেতু থাকতে দেবে না সেহেতু বাড়ি গেলেও কোনও সমস্যা হবে নাহ। আর সাজু আর শিশুর যা দরকার সব তো দেবেই হাসপাতাল থেকে,,,আর বাকি সবের জন্য দেবস্ম তো আসবেই টাকা নিয়ে।

সবাইকে থাইয়ে গাড়িতে তুলে দিয়ে শেষবারের মতো তিনতলার দিকে তাকায় দেবস্ম। যদি কোনও জানালার ধারে সাজু দাঁড়িয়ে থাকে। যদি ওকে

ডাকছে কিন্তু দেবব্র শুনতে পাচ্ছে না!

সব জানালার দিকে ভালো করে তাকালো দেবব্র। খুব নিখুঁত ভাবে পর্যবেক্ষণ করলো...কিন্তু পেলো না!

একসময় আশাভঙ্গ হয়ে গাড়ির ভিড়ে হারিয়ে গেল।

আবার কাল যদি পারে আসতে। অন্তত অল্প যা পাবে হাতে টাকা আজ,,,ওইটুকু দিয়েই যদি শুধু দেখাটুকু করতে দেয়?

বাসের জানালার ধারে বসে ততক্ষণ অব্দি তাকিয়ে থাকে হাসপাতালের দিকে,,,যতক্ষন অব্দি না হাসপাতাল মিশে যায় রাস্তার বাঁকে, জনারণ্যের বাঁকে!

পর্ব-১৪

সারাদিন নিজের অসহায়ত্বের জন্য বুকে ভীষন যন্ত্রনায় কুঁকড়ে মরছিল দেবব্র! কিন্তু কাউকে বলতে পারছিল না। আর কাকেই বা বলবে?

সবাই তো ব্যস্ত মজা করতে, বেশ খুশিতে ঘুরছে সবাই।

ওকে গোমড়া মুখে দেখে তবু এক একজন বলছে -"দেবব্র বাবু এমন মন খারাপ নিয়ে কেন? ছেলে হয়েছে মিষ্টি না খাইয়ে..."

-"মিষ্টি ঠিক হবে। কিন্তু এখনো যে বউ আর বাচ্চাকেই দেখতে পেলাম না..."

কেউ জিজ্ঞাসা করে -"কেন?"

-"টাকা জমা দিতে হবে তারপর।"

-"এ কি হিসেব?"

-"হুম। দেখি শীঘ্র টাকাটা দিয়ে ওদের বের করে আনবো। তাহলেই বাঁচি। ওদের হাতে এখন, কাজেই ওদের কথামতো তো চলতেই হবে।"

সবাই এটুকুই জানে। তারপর আবার নিজের-নিজের মতো ব্যস্ত সবাই।

একবার কোহিনুর বাবুকে কথাটা বলতে চেয়েছিল, উনি যদি টাকাটা দিয়ে সাহায্য করতে পারেন তো।

কিন্তু আর বললো না, উনি যা সাহায্য করেছেন সেটাই অনেক। কম করেছে নাকি ওর জন্য? আর চাইলে জিনিসটা কেমন দেখাবে। এর চেয়ে ও নিজেই তো অনুষ্ঠান করে জোগাড় করবে। একবার বের করতে পারলেই হলো। ওর সাজু আর ওই বাবুটাকে কেউ আলাদা করতে পারবে না।

কথাটা মনে পড়তেই ভাবতে লাগলো বাচ্চাটার নাম কি রাখবে?

সাজু আবার কোনও নামে ভেবে রাখেনি তো? নাহ্ যা মেয়ে...সব কিছুতেই ওর ওপর ভরসা।

বলেই ভাবতে লাগলো দেবস্ব বাচ্চার নাম। মেয়ে হলে ঠিক 'ডুডুয়া' রাখতো। কারন ডুডুয়া নদীটাকে ভীষন মনে করে সাজু। বারবার ভাবতে থাকে ওর জলে খেলে বেড়ানোর কথাটা। কত স্মৃতি নদীটা নিয়ে, যতবার মেয়েকে ডাকত ঠিক মনে পড়তো।

সাজুর ঠাম্মি থাকলে না জানি আজ কত আনন্দ করতেন। এই টাকাটা ঠিক জোগাড় করতেন। ওর পাড়ার সেই লোকগুলোও যদি জানতে পারতো, ওরাও সত্যিই খুব খুশি হতো। কি ভালোবাসে সবাই সাজুকে।

সাজুর বাড়ির পোষ্যগুলো অব্দি আনন্দে নাচত আজ।

দেবস্ব সমস্ত সুখ থেকে মেয়েটাকে ছিনিয়ে এনে একটু সুখ দিতে পারছে না...পদে পদে কষ্টই পেতে হচ্ছে মেয়েটাকে!

ভাবতেই ভীষন অপরাধবোধের শূল বিধতে লাগলো ওর বুকে!

নীরব। হম নীরব নামটাই হট করে মাথায় আসে দেবস্বের। নীরবে সব মেনে নেয়া মেয়েটার সন্তান যে।

এই নামটা সত্যিই ভালো মানাবে। কখনো আদর করে সাজুকে ডেকে উঠবে -"কি গো নীরবের মা?"

ভাবতেই হাসি পায় দেবস্বের। কখনো ঠিক সাজু রেগে উঠবে -"নীরব? ফাইজলামি গ্যালো না লোকটার! কি নাম রাখসে দ্যাখো... আমার মহিমা দেখে নাম!"

-"মন্দ কি? হা হা হা.."

একা একাই হাসছে দেবস্ব। একসময় ঘর থেকে বেরিয়ে বাইরে এলো। বিকেল নেমেছে শহরের বুকে। গেট দিয়ে ঢুকতে দেখা যায় একটা লোক তার স্ত্রী ও লোকটার কোলে একটা ছোউ শিশুকে,,, লোকটা আঙ্গুল নির্দেশ করে বাচ্চাটাকে এদিক-ওদিক সব দেখাচ্ছে।

এভাবেই,,,ঠিক এভাবেই একদিন সাজু, নীরব আর ও মেলায় যাবে।

ভাবতেই বুকটা আকুলি-বিকুলি করতে লাগলো একবার বাবুটাকে কোলে নেবার জন্য।

মুহূর্তেই সেই আনন্দটা মিশে গেল! যখন বুঝতে পারলো ও একটা এমন অসমর্থ পিতা, যে কি না সন্তানের কাছে যাবার জন্য টাকাটুকু জোগাড় করতে পারছে না।

সন্ধে নামতেই আবার লোক হাসানোর পালা। জোকারের মেকআপ করে মঞ্চে উঠলো। আজ ভিড় বেড়েছে আরো। সব মঞ্চের থেকে এই মঞ্চ বেশি জনবহুল।

কার কাছে তখন শুনেছিল যেন, দেবব্রতের হওয়া অব্দি লোকে ভিড় করে থাকে,,,তারপর নাকি ভিড় ভেঙে যায়। এমন ভিড় থাকে না।

-"কান্দিস না রে...

মুছ রে নয়ন...

কান্না-হাসির খেলা,

এইতো জীবন..." একটা পুরানো বাংলা গানের সাথে আজ অভিনয় ছিল ওর। যেই গানটার সাথে সত্যিই ও নিজেকে অনুভব করতে পারছিল।

যেই গানের নাচে একটা ছোট্ট পুতুলকে সুতো লাগিয়ে কান্নার ভঙ্গিতে নাচানো হয়, আর যার কাছে গিয়ে দেবব্রত লাইনগুলো বলছিল।

তার সাথে দুজনের এক অন্যরকম নাচ। সত্যিই লোকের নজর কাড়ার জন্য যথেষ্ঠ। লোকের মুখে রা নাড়লো না। গান শেষ হতেই তালির ফোয়ারা ছুটতে লাগলো।

আজকেও সব ভিড় ফেলে শেষে মেলার কাজ শুরু। আজ নতুন মেকআপ করানো হয়। তবে আজ ভীষন সাবধানে লোকের মাঝে নাচে ও খেলা দেখায়।

কালকের ছেলেটা একসময় ওকে ধরে -"বল তুই কালকের জোকারটা না?"

ছেলেটার মুখে-নাকে ব্যান্ডেজ। আর সঙ্গে বেশ কয়েকটা ছেলে।

পিছনে কমিটির ছেলেটা ছিল দেবব্রতের গার্ড হিসেবে। সেই এসে ওকে ছাড়িয়ে নেয় -"আরে কালকের ও মার খেয়ে চলে গিয়েছে। ও নতুন। আজ এসেছে..."

ছেলেগুলো চলে যেতেই কমিটির ছেলেটাকে ধন্যবাদ দেয় দেবব্রত।

রাতে,,, অনেক রাতে ঘুমটা ভেঙে যায় দেবব্রতের! একটা দুঃস্বপ্ন দেখেছিল বলে।

সাজু ডাকছে ওকে -"আমার কষ্ট হচ্ছে! যন্ত্রনা হচ্ছে দেব বাবু! দেব বাবু!"

উঠে নীচে যায় দেবব্রত। খুব খারাপ লাগছিল! মাঠে তখন লোক নেই বললেই চলে। দোকানের শুধু কয়েকটা লোক শোয়ার জন্য ব্যবস্থা করছিল মেলা শেষ বলে।

রাত একটা বাজে।

একটা গাড়ি কাছেই লোড হচ্ছিল। দোকানের মালিক বলছিল -"এই খেলনা গুলো রেখে দিস। এতগুলো লাগবে না এগুলো। টেডি বিয়ার'গুলো আনিস বেশি করে। ওগুলোর ভালো ডিমান্ড দেখছি এখানে।"

-"হ্যাঁ।"

-"ফেরার পথে কসবায় ঢুকিস। ওখানে মিহির বাবুকে টাকাটা দিয়ে আসিস।"

কথাটা শুনেই মুহূর্তে সেদিকে তাকালো দেবব্ব।নেই গাড়িটা কসবা হয়ে যাবে? তবে ও তো যেতে পারতো।

গিয়ে লোকটার কাছে গিয়ে বলল -"কাকাবাবু যদি কসবা হয়ে গাড়িটা যায়,,,আমাকে কি নেয়া যেতে পারে? আসলে আমার স্ত্রী নার্সিং হোমে। আর সকালে এখান থেকে যেতে-যেতে ভিজিটিং আওয়ার পার হয়ে যায়।"

-"হ্যাঁ তুমি যেতেই পারো। ড্রাইভার একাই যাবে তো।"

-"আমার আবার ভালোই হলো। অন্তত গল্প করে যাওয়া যাবে একজনের সাথে।" মাল বোঝাই করতে-করতে একজন ছেলে বলে উঠলো।

বুঝলো এই ড্রাইভার হবে।

***

কুয়াশার ভিড় ঠেলে গাড়ি এগিয়ে চললো ওদের। হেডলাইটের আলো কুয়াশা ভালো করে ভেদ করতে পারে না। সাবধানে তাই এগোতে হয়। ধাক্কা লাগলেই গাড়ির পিছনের খেলনাগুলো নড়ে শব্দ করে রাতের নিস্তব্ধতাকে চাগিয়ে দিচ্ছিল।

তখনও রাস্তায় গাড়ি দেখা যায় মাঝেমধ্যে। আকাশে ঝাঁকে ঝাঁকে তারা চাঁদের চারদিকে ঝিমোচ্ছিল।

যেতে-যেতেই শুনলো যার দোকান তার নাম হরিপদ পাল। বাড়ুইপুর শহরে বেশ বড়ো খেলনা ও যাবতীয় দোকান ওনার। এই সময়ে মেলায়-মেলায় ঘোরা হয় বেশ সময় ধরে।

এই ছেলেটি ওনার মালপত্তর নেয়ার গাড়ি চালায় ও দোকানেও থাকে মাঝেমধ্যে।

দ্রুত আসার জন্য দেড় ঘন্টা মতো লাগলো কসবা পৌঁছাতে। সারা রাস্তায় বেশ গল্প হলেও দেবব্বের মনে পড়ছিল সাজুর কথা। ও তো দেখা করেই যাবে আজ। তাই সাত হাজার টাকাটা এনেছে। বাকিটা পরে দেবে আপাতত এটা দিয়ে ঠিক দেখা করতে পারবে ও। অনুরোধ করলে ঠিক দেবে দেখা করতে।

***

রাত আড়াইটা বাজে তখন। ড্রাইভার এর নম্বরটা নিলো দেবব্ব। যদি দুপুর অব্দি থাকে এখানে, তবে ড্রাইভারের গাড়িতেই যেতে পারবে।

নার্সিংহোম চত্বরে গিয়ে ঢুকলো।রোগীর বাড়ির লোকেরা তখন বিশ্রামকক্ষে চাঁদর,শাল,কম্বল নিয়ে শুয়ে। কুয়াশা চতুর্দিক থেকে হু হু করে ঢুকছে বেরোচ্ছে। শহরটা কেমন ঝিমোচ্ছে। ল্যাম্পপোস্টের নীচের ডাস্টবিনে কয়েকটা কুকুর থাবারের সন্ধানে তখনো ব্যস্ত।

তা ছাড়াও দুই-একজন লোক জেগে এদিক-সেদিক।

দুয়েকটা অ্যাম্বুল্যান্স তখনো আসা-যাওয়া করছে।

রাতে গ্যাটম্যান আলাদা। সেই এক বয়স্ক ভদ্রলোক। আবার ওনাকে গিয়ে বলতে লাগলো ভেতরে ঢুকতে দেবার কথা। আর রিসেপশন এর লোককে কথাটা বলতে-যে ও টাকা নিয়ে এসেছে।

আবার রিসেপশনে যাবার অনুমতি পায় দেবব্রত।

-"কত এনেছেন?"

-"সত হাজার।"

-"আপনি বারবার ডিস্টার্ব করতে কেন আসেন বলুন তো? টাকার অংক কি বলিনি? কাল অব্দি পঁচিশ ছিল...আপনি সেটাও আনতে পারেননি। এখন তো আরো দশ যোগ হয়েছে। মানে পয়ত্রিশ। যান,,,এত রাতে এসে ডিস্টার্ব করবেন না। আমাদের সময়ের মূল্য আছে..."

কথাটা শুনে রাগ উঠে যায় দেবব্রতের মাথায়। লোকটাকে যেন মারতে যায়-যায় অবস্থা -"আপনার সময়ের মূল্য আছে,,,আর আমাদের নেই? আপনারা বড়লোকেরা কি ভাবেন? গরিবদের শুষে যা ইচ্ছে নেয়ার কথা!"

কিন্তু মারতে পারে না দেবব্রত। সিকিউরিটি গার্ড ওকে বাইরে ঠেলে দিয়ে এসে গেট বন্ধ করে দেয়।

বাইরে তখন আকাশ বেশ ঘুটঘুটে অন্ধকার,,, সব তারা আর চাঁদ মুছে।

জোড়ে বাতাস বইছে শব্দ করে। উড়িয়ে নিচ্ছে ধুলো-বালি, পাতা। শীতের ওপর আরো শীত।

গেটের বাইরেই চিৎকার করতে-করতে বলতে থাকে দেবব্রত -"যদি ভগবান থাকেন,,,,আপনাদের যেন সব একদিন ধুয়ে সাফ হয়ে যায়!"

ওর চিৎকারে দুয়েকটা কুকুর আর মানুষের আড়চোখে ঘুম ভাঙা ছাড়া আর কারোর কিছুই হলো না!

বুঝতে পারলো ওদের রাগ দেখিয়েও লাভ নেই,,, কারন এখন ওদের হাতেই সর্বটা।

গেটের নিচেই বসে পড়লো দেবব্রত।

ঝমঝম করে বৃষ্টি শুরু হলো। শীতের রাতে বৃষ্টি! সবদিক ঝাপসা। এক একটা বৃষ্টির ফোঁটা গায়ে সূচের মতো বিঁধতে লাগলো।

তবে দেবব্রের সেদিকে খেয়াল নেই। একদৃষ্টিতে তাকিয়ে আছে রাস্তায় বসে তিনতলার দিকে।

এই মুহূর্তে মনে হচ্ছিল-যদি দুটো ডানা পেত। উড়ে চলে যেত সাজুর কাছে ওই তিনতলায়। ওখানেই ওর সাজু আর ছোট্ট বাবুটা!

কোন জানালার পাশে আছে, ঠিক খুঁজে বের করতো।

যদি কোনও দেবতা কিংবা পরীর আশীর্বাদ পেয়ে রূপ বদল করতে পারতো?

ঠিক ছোট কিছুর রূপ নিয়ে চলে যেত তিনতলার ফ্লোরে!

নয়তো এখন যদি কোনও পরী এসে ওর কষ্ট দেখে ওকে বলতো -"কি হয়েছে দেবব্র তোমার? বলো কি চাও?"

আর ও ঠিক সাজুর কাছে যাবার জন্য বর চেয়ে নিত।

আকাশের দিকে তাকানো না গেলেও তাকাচ্ছিল দেবব্র। যদি সত্যিই কোনও পরী'র দেখা মেলে।

নিজেও তো কত জাদু দেখায়। যদি সেই জাদু দিয়েই ও যেতে পারতো সাজুর কাছে!

বৃষ্টির জন্য সবদিক ঝাপসা। কেউ কাউকে দেখতে পাবে না। ভিজে জবজবে হয়ে গিয়েছে দেবব্র।

তবুও একটার পর একটা চেষ্টা করতে লাগলো দেবব্র।

টিভিতে দেখেছে একটা সিনেমায় 'নাগরাজ দয়া করো' বলে তিনবার একটা ছেলে বলে কপাল হাঁটুতে ঠেকাতেই সাপ হয়ে যায়।

ঠিক তেমনটাই করতে লাগলো দেবব্র। 'নাগরাজ দয়া করো' তিনবার বলে কপাল হাঁটুতে ঠেকাতে লাগলো। বৃষ্টির জলে ঠান্ডা ভাবটা লাগতেই ভাবলো সত্যি হয়তো হয়ে যাচ্ছে ও।

কিন্তু চোখ খুলে নিজেকে সেভাবেই দেখতে পেলো দেবব্র। একটা মানুষ রূপেই আছে ও।

হাসি পায় তাইনা? একটা এতবড় যুবক হয়েও এইসব ফালতু কথা, বাস্তব ভেবে সময় নষ্ট করছে বলে!

কিন্তু বাস্তবতা হয়তো তখন লোপ পায়, যখন মানুষের আর কিছুই করার সামর্থ থাকে না। আর তখন সে রূপকথাকে বাস্তব ভেবে আনন্দ পেতে চেষ্টা করতে থাকে। কল্পনার জিনিসটাকে বাস্তবে দেখার আশায়

অন্ধবিশ্বাসীও হয়ে ওঠে!

চিৎকার করে পড়ে থাকলো দেবব্র রাস্তায়। আর বারবার ডাকতে লাগলো তিনতলার দিকে তাকিয়ে -"সাজু তুমি কি আমাকে শুনতে পাচ্ছ না?"

পর্ব-১৫

দেখা হয়না আর। সকাল ৭ টার সময় ভিজিটিং টাইম আছে জানে, কিন্তু তাতেই বা কি লাভ হবে ওর? সেই তো বলবে-টাকা দিন,,,

গাড়িটার আশায় আর থাকেনি দেবব্র। ভেজা কাপড়েই সকাল হতে বাসে উঠে পড়েছিল। টাকা আগে সবটা জোগাড় করে নিতে হবে,,, তারপর আসা যাবে নাহয়।

যখন ফিরলো তখনো বৃষ্টি ছিলই হালকা-হালকা। রুমে যেতেই সবাই বলে উঠলো -"ভিজে-ভিজেই ফিরলে যে? তা দেখা হলো?"

-"হুম হলো। ভালোই আছে।"

-"সিজার না?"

-"হুম।"

-"সাতদিন অন্তত রাখবেই,,,"

হিসেব করতে লাগলো দেবব্র। সাতদিনে কত বিল হতে পারে? যদি তিন দিনেই হয় পয়ত্রিশ, তবে বাকি চার দিনে,,,আশি হাজার তো হয়েই যাবে। কমিটির টাকাটা তো সত্তর থেকে ষাট এ হয়েছে,,, তবুও সেই ষাট হাজার আর কোহিনুর বাবুর থেকে যদি অন্তত কুড়ি পায়, তাহলেই হয়ে যাবে। নয়তো বলবে যে পাঁচদিনে ছুটি দিতে। একবার টাকাটা দিতে পারলেই তো ও ছুটির ও কথা বলতে পারবে।

সত্যিই যদি নার্সিংহোমের লোকগুলো বুঝত অন্তত, যে একজন স্বামীর কাছে কতটা কষ্টের নিজের স্ত্রী ও সন্তানের দেখা করতে না পেরে?

টাকার জন্য ওরা অনুভূতি গুলো বুঝলো না!

বেশ ঠান্ডা লেগে গিয়েছে দেবব্রের। তাড়াতাড়ি করে ঔষধ এনে দেন কোহিনুর বাবু। যদি শরীর অসুস্থ হয়ে তো, কি করে অনুষ্ঠান করবে? কাশতে-কাশতে পুরো অবস্থা শেষ ওর!

ঔষধটা দরকারি দেবব্রেরও। কারণ এখন অসুস্থ হলে কিংবা প্রোগ্রাম করতে না পারলে ওর নিজেরই ক্ষতি! টাকার অংক কম পড়বে, অন্যদিকে বেড়ে যাচ্ছে বিলের টাকার অংক!

বিকেলের দিকে আকাশ পরিষ্কার হলো। তবে ঠান্ডা বাতাস সর্বত্র ঘুরতে লাগলো! শীতের বৃষ্টির জন্য ভীষন ঠান্ডা লাগতে লাগলো! সাজু আর নীরবের

জন্য গরম পোশাক কেনার কথা সবে মনে পড়লো ওর... না জানি কি আছে ওদের কাছে।

কাকিমার কাছে ফোন করলো। কাকিমা ধরতেই বলে উঠলো -"ওদের ঠান্ডা লাগবে না গো?"

-"না রে দেবো। নার্সিং হোম থেকে সব দেবে। বেরোনোর পর কিনে নিস দুজনের জন্যেই।"

ওহ তারমানে নার্সিংহোম থেকেই দেবে। আর সেই সমস্ত কিছুরই বিল নেবে ওরা। বিছানা ভাড়াই বা দিনে কত হাজার কে জানে?

সন্ধে হলেও কাশি তেমন কমলো না দেবব্রতের। তবে ও কথা দিয়েছে মঞ্চে উঠে কাশি আসতে দেবে না। সেজন্য আরো কিসব করে গেল কাশির জন্য।

আকাশ পড়ে পরিস্কার হতেই লোক সব ভিড় করে এলো দেবব্রতের শো'-এর সময়।

মঞ্চে আজ একটা মজার খেলা হবে। দুজন দু-দিক থেকে দুটো কাঠ ধরে থাকবে। আর দেবব্রত ওখানে উঠতে চেষ্টা করে বারবার পড়ে যাবে আর মজার দৃশ্য দেখাবে। কখনো নাকে ক্ষত পাবে, কখনো বা ডিগবাজি খেয়ে পড়ে গিয়ে মাথা নীচের দিকে রেখে পা ওপরের দিকে রেখে ছটফট করতে থাকবে!

কখনো হাত ভেঙে গিয়ে আর সোজা করতে পারবে না।

তাই শুরু হলো।

আলোয় আলোয় আলোকিত মঞ্চে একটা ডিগবাজি খেয়ে হুমড়ি খেয়ে ঢুকে ও জোকারের পোশাকে। মুখে চওড়া হাসি। সাথে লোকজনের ও হাসির শব্দ জোড়ে জোড়ে উঠতে লাগলো।

"জোকারের কষ্টে কে হাসায়?"

সাজুর কথাটা মনে পড়ে গেল ওর। এক একটা পদক্ষেপ মেয়েটার কথা ওকে মনে করিয়ে দেয় যেন! খুব ইচ্ছে হলো আজ-ওই নদীর তীর ধরে কুল থেকে যাওয়া জায়গাটা, নৌকা বেয়ে ঘুরে বেড়ানো জায়গাটা,,,ওখানে গিয়ে থাকতে। এই উন্নত শহরের মাঝে সব লোক,,,সব লোক যান্ত্রিক। কোহিনূর বাবু,মনিকার বাড়ির লোক, আর হরিহর বাবুর পরিবার, আর ওর বন্ধুরা, এই তিন-চারটে উদাহরণ বাদে আর উদাহরণ নেই ওর কাছে আপন মানুষের তালিকায়।

কিন্তু সাজুর গাঁয়ে? ওই কয়দিনে সবাইকে আপন মনে হয়েছে ওর। সবাই কত আদর করে কতকিছু খাইয়েছে।

কেউ বাড়ির নাড়ু-মুড়ি, কেউ গাছের কলা-পেঁপে, কেউ বা একবেলা বাড়ির মুরগি দিয়ে ভাত।

সাজু ও আর নীরব ছোড় একটা বাড়িতে থাকবে, অথচ কত সুখ চাঁদের আলোর মতো খেলে বেড়াবে ওদের জীবনের আঙিনা জুড়ে! কত আপন জায়গাটার লোকগুলো!

মাটির গন্ধে মাখা সেই জীবন! সবাই মিলে বাঁচার সেই জীবন!

ওখানে গিয়ে সত্যিই যদি বাঁচতে পারে ওরা।

হঠাৎ করেই কাশি উঠে গেল ওর! থামছেই না একবার শুরু হয়েছে তো!

থেমে গেল বাকি সবকিছু! লোকজন হাঁ হয়ে তাকিয়ে আছে। মঞ্চের নীচে কোহিনূর বাবু কপাল চাপড়াচ্ছেন! আজ অন্তত এমন হলে লোকসান হবে!

অন্যদিকে ভয় তো দেবব্রের ও! যদি ঠিকমতো টাকা না পায়?

পর্ব-১৬

এমন সময় সবার মুখে আবার হাসি ফুটে উঠলো।

সেই কাশিও যে অহেতুক নয় বুঝলো সবাই।

কাশতে-কাশতে যখন ওর দমবন্ধ,,,তখন দুপাশের দুজন কাঠ নামিয়ে রাখলো মেঝেতে, আর অবাক হয়ে ওর দিকে তাকিয়ে রইলো। আর তখনই মেঝেতে রাখা কাঠের ওপর উঠে চিৎকার করে বলে উঠলো দেবব্র-'জিতে গেছি!'

লোকের মুখে সে কি হাসি। মঞ্চের দুজন তো পুরো ভ্যাবাচাকা। কোহিনূর বাবু মনে-মনে হাসলেন -সত্যিই তোমার মাথায় অগাধ বুদ্ধি দেবব্র। এই কাশিকেও মজার অংশ করে দিলে!

***

রাতে আবার ঘুম হয় না ওর। টাকার অংক ভাবলো। আজকে ওর রোজগারের অংক এসে দাঁড়িয়েছে কুড়ি হাজার। আর ওদিকে বিল উঠেছে হয়তো,,,আগের পয়ত্রিশ আর আজকে আবার যদি দশ ও হয়,,,তাহলে পয়তাল্লিশ। রোজ এত করে টাকা পেয়েও ওই বিলের নাগাল ধরা হচ্ছে না ওর!

তবে ভেবে নিয়েছে যতদিন না বিলের নাগাল ধরতে পারবে না,,,ততদিন অব্দি যাবে না ওখানে। বুক ফেটে চৌচির হয়ে গেলেও যাবে নাহ!

আগে জোগাড় করতে হবে ওকে সবটা।

তবে পাঁচদিনের দিন পারলো না থাকতে দেবব্র। রাতে প্রোগ্রাম শেষ করে আবার সেই গাড়িটা পেতেই উঠে পড়ল।

ওই জায়গায় গিয়ে আবার দাঁড়িয়ে সারারাত কাটিয়ে দিয়েছে। ওখানে ঢুকতে না পেলেও যেন ওর মনে হয় যে,,,খুব কাছেই আছে ও,,, সাজু আর নীরবের। ওদের গায়ের গন্ধটা যেন বাতাসে ধরা দেয় ওর কাছে।

ভালোবাসা চাগিয়ে দেয় ওর মনে।

গেটম্যান গুলোও ওকে চিনে গেছে। দেখেই আগে বলে -"টাকা রেডি?"

-"নাহ।"

-"ওহ।"

এর বাইরে আর কিছুই কথা হয়না ওর কারোর সাথে। ও তো শুধু মানসিক শান্তি পেতে যায় জায়গাটায়।

এভাবেই অনুষ্ঠানের শেষ দিন এলো।

আবার জোকার সাজার পালা সন্ধ্যা হতেই।

সেদিন সন্ধ্যায় উঠে আগে মাইক্রোফোন হাতে নেয় দেবব্র। আজ ও মনের সব কষ্ট বলে যেন হালকা হতে চায়। কেন যেন মনে হতে লাগলো, এই রোজ আসা হাজার-হাজার লোকগুলো সত্যিই ওকে ভালোবাসে। তাই হয়তো ওর জন্যই বসে থাকে সবাই। ওর হলে ভিড় কমে যায়!

শত কষ্টের মধ্যে এই মঞ্চে অভিমান নিয়ে উঠলেও আজ এই মঞ্চটা আর রোজকার সাক্ষীগুলোকে ফেলে যেতে যেন ওর কষ্ট হচ্ছে!

এই মঞ্চটা, এই গ্রিনরুম সব যে খুব আপন হয়ে গিয়েছে ওর কদিনেই।

আর অভ্যেস হয়ে গেলে থারাপ জিনিসটাও যে মানুষ ছেড়ে যেতে কষ্ট পায়। আর এ তো এতবড় একটা স্মৃতিপূর্ন জায়গা!

যাদের নিয়ে এই ছয়দিন ভাববার সময় পায়নি সাজুদের কথা ভাবতে-ভাবতে,,,আজ সেই সাজুদের কাছে ফিরে যাবার সময় এইসব জিনিসই ওকে যেন ভাবাচ্ছে।

সত্যিই আজ মনে হচ্ছে সাজুর কথাটা-সবার ওপরে ভালোবাসা।

এই লোকগুলোও তো ওকে আর ওর অনুষ্ঠানকে ভালোবাসে বলেই রোজ অপেক্ষা করে।

-"আজ আমার অন্তিম দিন। জানিনা তোমাদের কতটা আনন্দ দিতে পেরেছি। তোমরা আমায় ভুলবে না তো?"

বলতে-বলতেই বসে থাকা সমস্ত লোক দাঁড়িয়ে হাত তুলে নাড়তে-নাড়তে জানাচ্ছে যে, কেউ ভুলবে না ওকে।

কেউ বা চুমু ছুঁড়ে মারছে।

আজ আরও লোকে লোকারণ্য। আশেপাশের সমস্ত অনুষ্ঠান কিংবা দোকান থেকে হুড়মুড় করে আরো লোক আসতে লাগলো।

বড্ড আবেগপ্রবণ হয়ে যায় দেবব্রত। কন্ঠ একটু কেঁপে ওঠে -"তোমরা আমায় অনেক কিছু দিয়েছো.." চোখের জল মোছে দেবব্রত। সাথে অনেকের চোখেই জল। সত্যিই ওকে সবাই ভীষণ আপন করে ফেলেছিল যেন এই কদিনে!

চুপ করে দাঁড়িয়ে কোহিনূর বাবুও মঞ্চের সামনে।

একদৃষ্টে তাকিয়ে ছেলেটার দিকে।

চোখের জল মুছলেও বারবার পড়তে লাগলো দেবব্রতের -"আমি হাজার বার ধন্যবাদ জানাই কোহিনূর বাবুকে, যাকে ছাড়া সত্যিই আমি আসতে পারতাম না এখানে। আর ধন্যবাদ এই কমিটির সবাইকে। জীবনে আমার সবচেয়ে বড়ো অনুষ্ঠান এটা, আর সবচেয়ে গুরুত্বপূর্ণ ও স্মৃতিপূর্ন ও। তোমরা কি জানতে চাও কেন? জানতে চাও রোজ তোমাদের হাসাতে থাকা লোকটার অন্য জগতের কথা?"

-"হুম। চাই... চাই..."

সবদিক থেকে কথা উঠলো।

আলতো হাসলো দেবব্রত -"হুম বলবো। কারন আজ মনে হচ্ছে তোমরা অনেক ভালোবাসো আমায়,আর যার দরুন রোজ এই এত হাজার-হাজার লোক জড়ো হয়ে আসো। তাই আজ মনে হচ্ছে অন্তত তোমাদের জন্য যেটা সম্ভব হয়েছে সেটা তোমাদের সাথে অবশ্যই ভাগ করা উচিত।" বলেই একটু থেমে নিয়ে বলতে শুরু করলো "তোমাদের খেলা দেখিয়ে যা পাব তা দিয়ে আমি,,,আমি সে-এ-এ-ই মেয়েটার সাথে কাল দেখা করতে পারবো, যে আমার জীবনের অনুপ্রেরণা। যে আমার বেঁচে থাকার অন্যতম রসদ। যেই মেয়েটার বলা কথাগুলো আমি সবসময় উপলব্ধি করতে পারি। যেমন -'জোকারের কষ্টে কে হাসায়?' নয়তো 'ভালোবাসার ওপরে কিছু নেই। সবার ওপরে ভালোবাসা। ভালোবাসা দিয়ে সব হয় সব...'

সে আমার স্ত্রী। আজ ছয়দিন প্রায় হতে চলল ও হাসপাতালে। আমার পুত্র সন্তানের জন্ম দিয়েছে ও" চোখের মুছে গলা খাঁকারী দেয় দেবব্রত। মেকআপের ওপরে জলের ধারা বইতে লাগলো। কাঁপা কন্ঠ ওর "সেই সবুজের দেশ, উত্তরবঙ্গ থেকে পেয়েছি হীরের টুকরো মেয়েটাকে। কথা দিয়েছি তার এসময় সঙ্গে থাকবো। কিন্তু ইচ্ছে হলেও পারিনি। ঐযে বলে না স্বার্থপরে ভরে গিয়েছে পৃথিবী! সর্বত্র শুধুই টাকার খেল!

ঠিক তাই। এই এতগুলো দিন আমি দেখা করতে পারিনি একমাত্র টাকার জন্য। আজ প্রোগ্রাম শেষ মানেই আমার সব পাওনা পাব। সেগুলো কাল জমা দিয়ে তবেই দেখা করতে পারবো। জানেন এই একবুক যন্ত্রণা নিয়ে এই জোকারটা রোজ অপনাদের খেলা দেখিয়ে গেছে শুধুমাত্র মেয়েটার একটা কথা ভেবে 'জোকারদের কাঁদতে নেই। এরা কাঁদলে লোকের কষ্টে হাসাবে কে?'

প্রোগ্রাম শেষ করে এই মাঝরাতে নার্সিংহোমের গেটে গিয়ে পড়ে থাকতাম, তবু দেখা করতে দেয়নি কেউ!

কাল আমি ওদের হাতে তোমাদের থেকে পাওয়া টাকা তুলে দেব,,,তারপর ওদের দেখতে পাব। কতদিন দেখতে পাইনি।কাল ওদের আদর করবো।

সত্যিই তোমরা যদি এতটা না ভালোবেসতে আমায়, আমি কি পারতাম এটা করতে? যদি এখানে প্রোগ্রাম করতে না আসতাম তবে জানিনা কি করতাম! এই টাকাগুলো আর তোমাদের ভালোবাসা সত্যিই আমার কাছে অনেক মূল্যবান, হয়তো এতদিন অভিমান নিয়ে অনুষ্ঠান করেছি, কিন্তু আজ মনে হচ্ছে আমার সৌভাগ্য তোমাদের এত ভালোবাসা পাওয়া।

এটাই বলার ছিল। ওই মেয়েটার কথাগুলো আজ মেনে নিয়ে নিজের কথাটাকে হারিয়ে দিতে ইচ্ছে করছে জন্যই তোমাদের সাথে কষ্টটা ভাগ করে নিলাম। সত্যিই ঠিক বলে মেয়েটা-বুক পকেটে টাকা নয় ভালোবাসা থাকলেই লোকে সুখী হয়।

জানিনা কখনো দেখা হবে কি না কারোর সাথে, এখানে কখনো প্রোগ্রাম করতে আসবো কি না, তবে এই মঞ্চ,,, এই এত লোক,,,তোমাদের কাউকে ভুলবো না! জীবনের খাতায় সেরা শো এটাই। আর এটা আজীবন মনে থাকবে। তোমরা সবাই ভালো থাকবে,,,"

কথাগুলো শেষ হতে না হতেই মঞ্চে বেশ বড়োসড়ো একটা ভিড় জমে গেল।

সবাই ওকে জড়িয়ে ধরে টাকা উপহার দিয়ে যাচ্ছে। সান্ত্বনা দিচ্ছে অনেকেই।

সত্যিই দেবব্ব বুঝতে পারেনি কখনো এই লোকগুলো ওকে এত ভালোবাসা দেবে!

তবে সাজুর একটা কথা মিথ্যা হয়ে গেল এবার -'একদিন কষ্টের কথা বলবেন কেউ আর আসবে না তোমার কাছে। কারণ সবাই হাসতে আসে,কষ্ট

'পেতে নয়'

কিন্তু এরা যে তবু ওকে এত ভালোবাসা দিচ্ছে।

আর অন্যদিকে মঞ্চেই কয়েক হাজার টাকা জমা হয়ে গেল।

***

সেদিন রাতে উত্তেজনায় আরো বেশি করে ঘুম হতে লাগলো না দেবব্রতের।

কাল সকাল হলেই সাজু আর নীরবের দেখা পাবে, কি করবে না করবে,,,ভাবতেই পারলো না।

টাকাও অনেক হয়েছে ওর। কমিটি থেকে খুশি হয়ে আরো কুড়ি হাজার দিয়েছে। সব মিলিয়ে আশি হাজার। কোহিনুর বাবুর টিম থেকে সবার থেকে বেশি টাকা ওর, পঁচিশ হাজার। আর মঞ্চে তখন লোকের থেকে উঠেছিল পনেরো হাজার টাকা।

সব মিলিয়ে এক লাখ কুড়ি হাজার টাকা।

বাকি শিল্পীরা হিংসের চোখে তাকাচ্ছিল ওর দিকে। কোহিনুর বাবু বলেছেন -"যে যোগ্য সে ঠিক পাবে তার মূল্য। "

কোহিনুর বাবু তো ওর অভিনয় দেখে সত্যিই অভিভূত,,,এতটা কষ্ট নিয়ে কেউ কি করে লোক হাসানোর অভিনয় করতে পারে?

ওকে যে কি বলবেন, কিছুই বুঝতে পারছিলেন না।

তবে নার্সিং হোমে উনিও যাবেন কাল। দেবব্রতকে বারবার বলছিলেন,,,কেন এতদিন বলেনি কথাগুলো।

***

পরদিন সকাল হতেই বিদায়ের পালা আসে এই শহরটা ছেড়ে। বেশিরভাগ লোক এলো দেবব্রতকে বিদায় দিতে। কমিটির লোক ও বেশি কষ্ট পাচ্ছিল দেবব্রতের জন্য।

শহরটা ছেড়ে যেতে আরেকবার কষ্ট হচ্ছিল দেবব্রতের।

বাকিদের বাসে পাঠিয়ে দেবব্রতকে নিয়ে কোহিনুর বাবু মারুতি ভাড়া করলেন।

আর খুব তাড়াতাড়ি পৌঁছে গেলেন 'দায়িত্ব' নার্সিংহোমে।

রিসেপশন এ একটু রাগ দেখালেন কোহিনুর বাবু।

হাসি পায় দেবব্রতের। কেমন ভয় পাচ্ছে লোকগুলো কোহিনুর বাবুকে।

হিসেব করতেই দেখা গেল নব্বই হাজার টাকা বিল উঠে গিয়েছে এই কদিনে।

সবটা দিয়ে তাড়াহুড়ো করতে লাগলো দেবব্রত।

***

প্রসূতি ঘর তিনতলার দিকে। দেবব্রত ভেবেছিল সেদিকেই নিয়ে যাবে ওদের রিসেপশনের লোকটা। কিন্তু অবাক হলো,,, যখন বললো -"দোতলার কর্নারে যেতে হবে চলুন।"

পর্ব-১৭ (অন্তিম পর্ব)

দেবব্রতকে নিয়ে মর্গের দিকে এগোলেন ওনারা। পা কাঁপছে দেবব্রতের,,,

থেমে যায় একসময়। চোখ দুটো বিস্ফোরিত। কোথা থেকে যেন সাজু চিৎকার করে যাচ্ছে -যেও না দেবব্রত। তুমি সহ্য করতে পারবে না!

-"এ-এদ--ইইই-কেএএএ কেন?" টেনে প্রশ্ন করে দেবব্রত।

সামনে এগিয়েও পিছিয়ে ওর কাছে যায় কোহিনুর বাবু -"আমিও বুঝতে পারছি না।"

খুব শীঘ্র মর্গের ভেতর ওদের নিয়ে যাওয়া হয়। তারপর একটা আলমারির ড্রয়ার খুলে বের করে আনা হয় একটা দেহ!

কান্না করার শক্তি হারিয়ে ফেলেছে দেবব্রত! চিৎকার করে বলে দিতে ইচ্ছে করছিল ভগবানের উদ্দেশ্যে -"তুমি এদের সব পাপ লেখে নিও সৃষ্টিকর্তা! বিচার করো এই না হওয়া বিচারের!"

কিন্তু পারলো না কিছু বলতে! জিভ আড়ষ্ট হয়ে এলো! চোখের জল ভারী-ভারী ফোঁটায় পড়তে লাগলো।

সামনে সাদা কাপড়ে শায়িত সেই মাটির দেশের ঘরোয়া মেয়েটা! যে টাকার মূল্য জানে না! যার কাছে ভালোবাসাই পৃথিবীর সবচেয়ে বড় জিনিস! সেই মেয়েটা আজ কেমন নিথর!

দেবব্রত ওকে বলতে চেয়েছিল -'দেখলে তো নীরবের মা, তুমি কত ভুল বলতে? টাকার জন্যই কিন্তু তোমার সাথে দেখা করতে পারিনি এতদিন! খুব তো বলো ভালোবাসা সবার ওপরে!'

আর ভুল তুমি সেই কথাতেও! বলতে না-জোকার কষ্টের কথা বললে কেউ ভালোবাসে না। দ্যাখো আজ আমার কষ্টের কথা শুনে কত টাকা দিয়েছে ওরা আমায়, তোমার কাছে আসার জন্য!"

বলতে ইচ্ছে করছিল -"নীরবের মা, দ্যাখো আমাদের অনেক টাকা হয়েছে। এবার ভালো বাড়িতে থাকতে পারব, ভালো খাবার খেতে পারব। বাবুর জন্য ভালো খেলনা-খাবার আনতে পারবো!"

চিৎকার করে উঠলো দেবব্রত -"কথা বলবা তো তুমি সাজু! এই দ্যাখো কত টাকা...কত টাকা এনেছি আমি! কথা বলো সাজু! দ্যাখো আমি তোমার

জন্য কষ্ট বুকে চেপে হাসিয়ে গেছি লোককে। তোমার এক একটা কথা মনে রেখে,,,,সব কষ্টকে ভুলে গেছি! আজ তবে তুমি চুপ কেন?"

উঠলো না সাজু। এতদিনে এই হিমের ঘরে থেকে সাদা হয়ে গিয়েছে পুরো শরীর!

চোখ তার বোজা। ঘন লম্বা চুলগুলো ছড়িয়ে যাওয়া সবদিকে! সর্বদা হাসতে থাকা ঠোঁটগুলোও আজ নড়ছে না,,,একেবারে নিস্পন্দ!

"এই পাজি মেয়ে তুমি আমাকে ছেড়ে কোথাও যাবা না! তোমার ঠাম্মি যে তোমার দায়িত্ব..."

হাউহাউ করে কেঁদে উঠলো সাজুর দেহের ওপর পড়ে দেবস্ব। সব কথা রাগ-অভিমান বলতে গিয়েও থেমে গেল কণ্ঠের কষ্টকর জায়গাটায়।

যেই ছেলেদুটো ওকে এখানে এনেছে সেই দুজন স্টাফকে দুই হাতে ধরে দেয়ালে চিপকে দিলো -"এজন্যই তোরা কেউ আমাকে ওর কাছে আসতে দিসনি। টাকা হারানোর ভয়ে, ভালো আছে বলে গেছিস! তোদের আজকে আমি মেরেই দেব।"

দুজনের কেউই পারে না দেবস্বের সাথে। দেবস্ব চিংকার করে-করে দুজনকে দেয়ালে মেরেই যাচ্ছে। দুজনের শরীর রক্তাক্ত,,,

এদিকে আসা-যাওয়া করা রোগীর বাড়ির লোকদের একটা বিরাট অংশ দরজায় ভিড় করে দাঁড়িয়েছে। তবে কেউ এগোয়নি।

আবার দুজনকে মারতে যাবে এমন সময় একটা ছোট্ট শিশুর কান্নার শব্দ পায় দেবস্ব।

কেউ দৌড়ে আসছে ওর দিকে -"দেবস্ব। এর দিকে তুমি তাকাও। তুমি ওদের দুজনকে মেরে জেলে গেলে এর কি হবে?"

থেমে গিয়ে পিছন ফিরে তাকালো দেবস্ব।

কোহিনূর বাবু কোলে একটা ছোট্ট শিশুকে আঁকড়ে ধরে। বাচ্চাটা ওর দিকে ফ্যালফ্যাল হয়ে তাকিয়ে।

থেমে যায় দেবস্ব।

কোহিনূর বাবুর এই মুহূর্তে দাঁড়িয়ে,,,মহাকালীর কথা মনে পড়লো। হয়তো দেবস্ব পুরুষ, তবে এই দৃশ্য ঠিক যেন সেই দৃশ্যের সাথে মেলে!

যখন মহাকালী সৃষ্টির ধ্বংসে গিয়ে এক শিশুর কান্নায় থেমে গেছিলেন!

ধীরে-ধীরে টলতে-টলতে এদিকে এগোতে লাগলো দেবস্ব! চোখে জল।

ঐতো মেঝেতে শুয়ে থাকা সাজু বলছে ওকে -"দ্যাখলেন তো দেব বাবু,,,আমরা মাটির দ্যাশের লোকরা অকৃতজ্ঞ নই। ঠিক কিছু না কিছু দিয়া

গ্যালাম!"

সাজুর বলা গানটা জায়গাটায় যেন চক্রাকারে ঘুরছে,,,,

"মন কান্দে ভাসাইয়া নাও,,,,

দূর-বিদ্যাশে!

আপন-স্বজন রইলো পইড়া,,,,

ছাইড়া যাইবার দ্যাশে!"

সত্যিই টাকার জন্য কতটা স্বার্থপর তাইনা জগৎটা? যেই টাকা না পাবার ভয়ে এমন হাজার-হাজার মৃত রোগীর বাড়ির লোককে বলা হয় না-রোগীর মৃত্যু হয়েছে!

সাজুও তেমনি। অতিরিক্ত ব্যাথা আর অতিরিক্ত রক্তক্ষরণের জন্য মৃত্যু হয়েছিল যার সন্তান জন্ম দেবার সময়েই। অথচ কেউ জানলো না!

বাচ্চাটাকে কোলে নেয় দেবস্ব। ফুঁপিয়ে কেঁদে উঠলো -"বাবু রে! আমার বাবু! আমাকে ক্ষমা করে দিস এতদিন তোর কাছে আসতে পারিনি বলে! টাকার জন্য রে।

দেখ কজ আনলাম কিন্তু দ্যাখ ওরা তোর মাকে কেমন মেরে ফেলছে।"

-"ওকে নিয়ে বাঁচবে তুমি দেবস্ব!"

-"হুম কোহিনুর বাবু। সাজু আমায় যে দায়িত্ব দিয়ে গেল,,, সেটা আগলে রাখার দায়িত্ব আমার। ওকে আমি এমন আদর্শে গড়ে তুলবো যে, যাকে দেখলে লোকে বুঝতে পারে-সত্যিই ভালোবাসা সবার ওপরে!

ওর মায়ের কথাগুলো প্রমান করার দায়িত্ব যে এবার ওর কোহিনুর বাবু। টাকার ওপর যে ভালোবাসা হয়, এটা ওকে প্রমাণ করতে হবে না? প্রমান করতে হবে না-বুক পকেটে ভালোবাসা থাকলেই লোকে সুখী হয়।

কত কাজ বাকি বলুন তো? সামনের দিকে এগোতে হবে যে এবার।"

***

ত্রিশ বৎসর পর,,,

সবুজে ঘেরা গ্রামের ভেতর একটা বড় হাসপাতাল। আজ তার উদ্বোধন। সামনের ফলকে লেখা -'সবার ওপরে ভালোবাসা'

তার ভেতর মাঠে একটা মঞ্চ। বিকেলের পড়ন্ত রোদ্দুরের রঙটা মিশে আছে গাছের সবুজে, ভ্যাট ফুলের পাঁপড়িতে, পাখির পালকের রঙে, ডুডুয়ার ছলছল করে চলা নীল জলে।

হুম ঠিক ধরেছেন, মাটির দেশ এটা। সাজুর ফেলে যাওয়া দেশ।

যেই গ্রাম ফেলে যাবার সময় সাজুর মনে পড়েছিল প্রানের মানুষ থেকে শুরু করে নিজের পোষ্টার কথা অব্দি। মনে পড়েছিল নিজের নৌকাটা অব্দি।

মঞ্চে'র সামনে গ্রামের শোয়-শোয় লোক। যাদের মুখে এখনো হাসির রেশ, সদ্য খেলা দেখিয়ে যাওয়া জোকারটার খেলার জন্য।

পুলিশ ভ্যান অনেকগুলো। কনস্টেবল বেশ কয়েকজন পাহারারত। দরকার না পড়লেও সাবধানের মার নেই।

কতগুলো প্রেসের লোক ও সাংবাদিক হাজির ক্যামেরা নিয়ে।

দোকান বসেছে বেশ। একটা মেলা যেন।

আর মঞ্চে পাশাপাশি বসে কয়েকজন বয়স্কলোক ও মহিলা।

ওহ চিনতে তো অসুবিধা হবে,,,তাই না বললেই তো নয়!

গ্রামের বেশ কয়েকজন গুনীগুনী মানুষের পাশেই বসে পিঙ্কির বয়স্ক মা,বাবা,পিঙ্কির দাদা, পিঙ্কি ও পিঙ্কির বর, সাজুর বাকি কজন বান্ধবী আর আপনজন। সবার মধ্যেই আজ বয়সের ছাপ স্পষ্ট।

তার পাশেই হরিহর বাবু ও ওনার স্ত্রী। পাশে একেবারে বয়স্ক কোহিনুর বাবু। কয়েকজন মহিলা-পুরুষ ডক্টর।

তারপর গ্রামের পঞ্চায়েত, প্রধান ও এই থানার বড়বাবু, এম.এল.এ,,,এছাড়াও আরো এমন কয়েকজন গুণী ব্যক্তি।

যাদের অনেকের বক্তব্য দেয়া শেষ।

অন্যদিকে রান্নাও শেষের দিকে। অনুষ্ঠান শেষে খাওয়ানোর আয়োজন আছে।

মাইক্রোফোন হাতে নেয় এবার গ্রামের সবচেয়ে ভদ্র ছেলেটা। হৃদয় ওর নাম।

-"হাসাহাসি অনেক হলো। এবার আমাদের সামনে আসবে সেই অথিতি, যার অক্লান্ত চেষ্টায় এই হাসপাতাল নির্মাণ হয়েছে। আমাদের সবার ভালোবাসার নীরব দাদাবাবু,,,,যিনি আমেরিকা থেকে ডক্টরী পাশ করে নিজের সব শখ-আল্লাদ ত্যাগ করে এই গ্রামের মাটিতে পড়ে আছেন। যিনি নিজের ডিউটি শেষ করে ক্লান্ত হয়েও আবার এখানে এসে কাজকর্ম দেখভাল করেছেন। সেই ভগবানতুল্য লোকটাকে আমরা ডেকে নেব।

আমরা অথিতি বরণ করে নেব গানে-গানে।"

কতগুলো মেয়ে লাল পাড় সাদা শাড়ি পড়ে গানের তালে তালে দরজার দিকে যায়। এই গাঁয়ের ভাষায় রচিত গান।নিজেই গেয়ে রেকর্ড করেছে

গ্রামের মেয়ে মধুবালা।

"ফুল দিয়া,,,চন্দন দিয়া,,,

অথিতি নিলাম বরণ করিয়া,,,

জল আনো লো পিঁড়ি আনো,,,

সঙ্গে আনো গুঁড়-বাতাসা" (স্ব-রচিত)

মঞ্চের সিঁড়িতে ছেলেটা। সেই সাজু আর দেবব্রতের গায়ের চাপা রংটাই আরো মায়াবী করেছে ওর মুখটা। মায়ের মতোই গভীর কালো চোখ আর ভ্রু। মোটা চোখের পাতা, হাসি লেগে থাকা মুখ। পরিপাটি করে চিরুনি করা চুল। পরনে হলুদ পাঞ্জাবি, সাদা পাজামা। পায়ে কালো জুতো।

সাথে একটা মাঝবয়সী অবিবাহিত মহিলা। নীল পাড় সাদা শাড়ি যার পড়নে।

যিনি ওর দিকে তাকিয়ে বলে উঠলেন-"দারুন লাগছে তোকে নীরব বাবু। সাজু বৌদি যদি কখনো দেখতো তার ছেলের রূপ!"

-"মা তো দ্যাখেন মণিমা।"

হুম ইনি মনিকা নামের মেয়েটা। সাজু বৌদির সাথে সারাক্ষন থেকে-থেকে নীরবের জন্মের আগে থেকেই ওকে কোলে নেয়া, আদর করা যার কল্পনায় ধরা পড়তো সর্বদা। যাকে হাসপাতালে যাবার আগেও বলেছিল সাজু -"তুই ওকে দেখিস মনিকা। যদি কখনো আমার কিছু হয়! ভয় লাগে জানিস! বাচ্চা হতে কত মেয়ে মরে!"

দায়িত্ব ফেরাতে পারেনি মনিকা, ভালোবাসার জন্য। দেবব্রত সেদিন সাজুর মৃতদেহ আর নীরবকে নিয়ে উত্তরবঙ্গে আসার সময়েই মনিকা এসেছিল,,,

-"আমিও যাব দেব দা!"

-"আমার এই ভবিষ্যৎহীন জীবনের সাথে?"

-"হুম। কখনো কিছু আব্দার করবো না। শুধু নীরবকে আমার থেকে দূরে নিও না "

ওইটুকু মেয়ের মধ্যে বিশাল বড়ো একটা দায়িত্ব, ভালোবাসার রূপ দেখেছিল দেবব্রত। তবে মনিকা আর ওর সম্পর্কে কখনোই অন্যদিকে যায়নি। লোকে ভাবতেই পারে অনেককিছু। কিন্তু মনিকার কাছে দেবব্রত দাদার আসনে আর দেবব্রতের কাছে মনিকা বোনের আসনে। দুজন দুজনের সমস্যায় অবশ্যই সবসময় পাশে থাকে। যেহেতু এখন এই তিনজন একটা পরিবার। তবে নীরব মনিকাকে মণিমা বলে ডাকে।

সেদিন এই শিশুটার জন্যই ঘর ছেড়েছিল মনিকা। বাড়ির লোকও ওইটুকু মেয়ের জেদের কাছে হেরে গিয়েছিল। বাবা-দাদা কত বোঝালো,,,কাজ হলো না।

নতুন করে বাঁচতে দেবস্ব তখন ওই কলোনি ছেড়ে কোহিনুর বাবুর দেয়া নতুন পথে এগিয়েছিল। কলকাতার একটা নামকরা শোয়ের অফার পেয়ে রোজ কাজ করতে লাগলো ও। খুব রোজগার হতো।সেই টাকা দিয়ে আর সাজুর গ্রামের জায়গাজমি থেকে পাওয়া অর্থ দিয়ে নীরবকে বিদেশে পাঠালেন ডক্টরী পড়ার জন্য। সঙ্গে সবসময়ের সঙ্গী মণিমা।

এই ছেলেকে পড়াতে অক্লান্ত খেটে গেছেন লোকটা। সেই ক্লান্তির ফল দিয়েছেন ভগবান।

আর সাজুকে যে নার্সিং হোমে রাখা হয়েছিল। সেটা বন্ধ হয়ে গিয়েছিল কয়েক বৎসরের মধ্যে। লোকে বলে ভূতের উপদ্রব। কেউ রোগী আনতেই একটা সময় ভয় পেত !

দেবস্ব আসল কারন জানে না যদিও। ওই লোকের মুখেই শোনা।

তারপর ছেলে ডক্টরীতে একটু নাম করলে, নিজের জমানো টাকা আর ছেলের টাকা দিয়ে এই গ্রামে ফেরা। গ্রামের সবাই আগের মতোই ওদের আপন করে নিলো। সেই সাজুর দেহ রাখতে এখানে এসেছিল দেবস্ব ছোট নীরবকে নিয়ে। অনেক খরচ করেও সাজুর মৃতদেহ এখানে এনেছিল দেবস্ব।

ওই মেয়েটাকে অন্তত মৃত্যুর পর শান্তিতে থাকতে দিতে চায়। ওর প্রিয় জায়গায় তাই রেখেছিল ওর শরীর। ঠাম্মির সমাধির পাশেই ওর সমাধি।

যেখানে এখন বকুল ফুলের মেলা বসেছে।

এই ডুডুয়া, এই বন-জঙ্গল,,, এখানেই মিশে থাক মেয়েটা। কত আফসোস করেছিল এতদিন ফিরতে পারেনি বলে!

ততদিনে ক্যান্সারে মৃত্যু হয়েছে সেই পঞ্চায়েতের ছেলের, যার জন্য ওরা গ্রাম ছেড়েছিল।

সবার থেকে বিদায় নিয়ে গিয়েছিল দেবস্ব। তারপর যোগাযোগ ছিল ভালোই। ছেলের ছুটি হলেই আসতো মাঝেমধ্যে এখানে।ততদিনে সাজুর ভালোবাসার পোষ্যগুলোর মধ্যে অনেকেই ছিল না। এখনো তো সব নতুন-নতুন। কতগুলো প্রজন্ম চলে গিয়েছে এতদিনে।

তারপর এতগুলো বৎসর পর এখানে বিনে পয়সায় চিকিৎসাকেন্দ্র গড়ে তোলার স্বপ্নটা বাস্তবায়ন।

হাততালিতে ফেটে পড়লো মঞ্চ নীরব উঠতেই।

সবাইকে প্রণাম করে মাইক্রোফোন হাতে নেয় -"গুরুজনদের নমস্কার জানাই ও ছোটদের ভালোবাসা জানাই। কি বলেন তো, সত্যিই বুঝতে পারিনি যে এই স্বপ্নটা পূরণ করতে পারব। আজ এতগুলো বৎসর লেগে গেল এখানে হাসপাতাল গড়তে। তবে আমি বেশি কিছুই বলবো না, রেখে যাব সেই লোকটার জন্য, যার একটা কঠিন সংগ্রাম তাকে এই বিনে পয়সায় চিকিৎসা করার হাসপাতাল খোলার জন্য অনুপ্রেরণা হয়ে দাঁড়িয়েছিল। সে আর কেউ না। একটু আগেই জোকারের বেশে যে হাসিয়ে গেল সে। আমার বাবা।"

লোকের মধ্যে সরগোল পড়ে গেল। কেউ বুঝতেই পারেনি যে এটা দেবব্রত ছিল।

হালকা হাসলো নীরব -" হুম আমি গর্বিত যে এমন একজন বাবা পেয়েছি যে শত কষ্টের মাঝে থেকেও লোকের মুখে হাসি ফোটাতে পারে। সে একজন 'জোকার',,,,আজ যার এই সাজের শেষ দিন। যার আজ থেকে অবসর এই ভালোবাসার কাজটা থেকে। বয়স হয়ে গেলেও, শুধু এই নিজের স্বপ্নের জায়গায় উদ্বোধনীতে আসা লোকগুলোকে হাসাতে আজ যার শেষ শো,,,,সে আমার বাবা,,,

বাবা তোমাকে মঞ্চে আসবার জন্য অনুরোধ করছি।"

ঠিক তখন গ্রিনরুম নিজের কস্টিউম খুলতে ব্যস্ত দেবব্রত। আজ আরও অনুষ্ঠান হবে। সেজন্য সাজগোজ হচ্ছে অন্যদিকে। ও এদিকে একা। নিজের মুখের মেকআপ তুলছিল,,,

এখন বয়স অনেকটাই দেবব্রতের। অর্ধেক বেলা কেটে গিয়েছে জীবনের খাতা থেকে। চুলে পাক ধরেছে, গাল বসে গিয়েছে। চামড়ায় আগের মতো টান নেই।

নীরবের এই কথাগুলো ওকে থামিয়ে দেয়।

হারিয়ে যায় অনেক যুগ আগের সেই দিনে,,,

সব কাজ সমাধা করে বাড়ি ফিরেছিল দেবব্রত। সাথে কোহিনূর বাবু ও তার কোলে ছোট্ট নীরব।

মনটা ভালো নেই। সেদিন ভেবেছিল আর জোকার সাজার কাজটা করবে না ও। নীরবকে নিয়ে উত্তরবঙ্গে যাবে। সাধারণ একটা জীবনযাপন করবে,,,ব্যাস।

ঘরে ঢুকেই দেখলো টেবিলে একটা কাগজ।

হাতে নেয় দেবব্রত।

একটা বড়ো করে 'স্মাইল' চিহ্ন আঁকা। নীচে সাজুর হাতের লেখা,,,

প্রিয় দেব বাবু,

আমি জানি সব মেয়েরই এই ভয়টা হয়েই থাকে,,,সন্তান জন্ম দেবার সময় মরে যাবার কথাটা। কিন্তু আমার কেন যেন খুব বেশিই করছে ভয়টা। ব্যাথাটা অন্যরকম লাগছে! তবে আমি তোমাকে ছেড়ে যাবার কথা কখনো ভাবি না। আমি জানি তোমার কাছে আমি কি। আর তুমিও ভালো করেই জানো আমার কাছে তুমি কি,,,

তবুও বলতেই হচ্ছে,যদি কখনো না ফেরা হয়, তুমি বাবুটাকে আনার স্মৃতি বলে ভেবো। আমি সর্বদা তোমাদের সাথে থাকব। আর সবচেয়ে বড়ো কথা-তুমি জানো আমি তোমার কাজকে কতটা শ্রদ্ধা করি ও ভালোবাসি। তাই আমি চাই তুমি কখনো যাই হয়ে যাক না কেন, এই কাজটা ছেড়ে দিও না। জানোই তো এই দুনিয়ায় লোককে কষ্ট দিতেই পারে সবাই। হাসাতে কে পারে? যেই বিদ্যেটা তোমার মধ্যে আছে। আমি তোমার প্রত্যেকটা হাসির মধ্যে থেকে যাব। আর মনে রাখবে-জোকার'রা কখনো কাঁদে না। এর কাঁদলে লোককে হাসাবে কে? যেই লোকগুলো কষ্টের মাঝে এদের কাছে বিশ্বাস নিয়ে একটু হাসতে আসে মন খুলে।

'এই কথাগুলা মনে থাইকবো তো আমার দেব বাবু?' আর ঐযে? আজীবন মনে রাখবে-বুক পকেটে টাকা নয় ভালোবাসা থাকলেই লোকে সুখী হয়।

ইতি

তোমার মুখের হাসিতে বাঁচা আমি

আর কাজটা ছাড়তে পারেনি দেবব্ব। নতুন করে জেগেছিল।

-"বাবা? আজকের দিনেও চোখে জল তোমার?"

পিছনে কখন এসে নীরব দাঁড়িয়েছে বুঝতেই পারেনি দেবব্ব। আয়নায় দেখলো ওর দিকে তাকিয়ে আছে ছেলেটা।

-"এই শোন।"

ঘাড়ের কাছে মুখ নেয় ছেলে -"বলো বাবা?"

চোখের জল মুছে হাসে দেবব্ব-"কান্দাইয়া দিলি রে পোলা!"

-"আবার মা'র ভাষা নিয়ে খিল্লি! যদি থাকতো না...." অভিমানী গলা নীরবের। বাবার সাথে রোজ এমন কত ঝগড়া হয়।

দেবব্বও ওকে রাগাতে ভালোবাসে। পরখ করে দেখে মায়ের প্রতি ছেলের ভালোবাসা।

দেবব্বকে টেনে তুলে ধরে নীরব -"এইসব পড়েই যাবে তুমি।

যেই পোশাকে তোমায় লোক চিনে ঠিক সেভাবেই। তোমার গর্বের পোশাক।"

-"এই জোকারের মেকআপ, এই শুট-বুট-টাই পড়ে?"

-"হুম। এইসব পড়ে তুমি রোজগার করে হাসপাতাল গড়েছ লোককে বিনামূল্যে চিকিৎসা দেবার জন্য। লোকের জানা উচিত না? সবাই কি জানে বলো?"

মঞ্চে উঠেই বাবাকে মাইক্রোফোনের দিকে নিয়ে যায় নীরব -"হুম এই পোশাকে বাবাকে নিয়ে এলাম। হুম এগুলোর জন্যই আজ এখানে "সবার ওপরে ভালোবাসা" হাসপাতাল হয়েছে।"

চোখে জল দেবব্রের। মুছে নিয়ে মাইক্রোফোন হাতে নিয়ে সবাইকে নমস্কার ও ভালোবাসা জানায় আজ এই অনুষ্ঠানে সামিল হবার জন্য।

-"বাবা তুমি তোমার জীবনের সেই অংশটা বলবে যার জন্য আজ এই হাসপাতাল গড়ে উঠেছে।"

সাজুর সাথে ঘটে যাওয়া পুরো ঘটনাটা এবার বলতে লাগলো দেবব্র। আর তাতে শুধু ওর চোখের নীচটাই ভিজল না, ভিজলো নীরবের চোখের নীচ, ভিজলো এখানে উপস্থিত সকলের চোখের নীচ।

সবাই বুঝে গেল 'সবার ওপরে ভালোবাসা' এই হাসপাতালের নাম রাখার কারণটা।

শেষে বুকপকেট থেকে সাদা কাগজটা বের করলো দেবব্র। এতদিনে ময়লা পড়ে, ভাঁজের ওপর ভাঁজ পরে গেলেও সাজুর উপস্থিতি যেন একটুও কমেনি কাগজটা থেকে।

ওটা সবার দিকে খুলে ধরলো দেবব্র। সেই 'হাসিমুখ' করা ছবিটা।

-"এই আমার সেই অনুপ্রেরণা।

যে বলেছিল-'জোকারের কাঁদতে নেই। তারাই কাঁদলে সেই লোকগুলো কোথায় যাবে? যারা কষ্ট থেকে রেহাই পেতে বিশ্বাস নিয়ে এদের কাছে হাসতে আসে।'

এই কাগজটার লেখাগুলো আমায় নতুন করে বাঁচতে শিখিয়েছে। এই একটা 'স্মাইল' চিহ্ন আমায় সমস্ত কষ্টের সময়েও সুখ দিয়েছে।

হুম এখানে লেখা ওর একটা কথা আজীবন আমি মেনে আসছি- বুকপকেটে টাকা নয় ভালোবাসা থাকলেই লোকে সুখী থাকে জীবনে।

হুম আজ আমার শেষ শো। শুধুমাত্র আজকে সবাইকে আনন্দ দেব বলেই এই কাজটা থেকে অবসর নেয়া হয়নি বয়স হলেও। শুধুমাত্র অপেক্ষা করেছি

মেয়েটার কথাটা কবে জিতিয়ে দেব বলে। কারন মেয়েটা বলতো 'সবার ওপরে ভালোবাসা' ভেবেছি যেদিন আমার 'সবার ওপরে টাকা' কথাটাকে হারিয়ে এই কথাটা প্রমাণ করতে পারব সেদিন আমার লাস্ট স্টেজ প্রোগ্রাম হবে।

আজ সত্যিই আমি পেরেছি নিজের কথাটা ভুল আর ওই মেয়েটার কথাটা ঠিক প্রমান করতে। তাই আজ আমারও অবসর এই কাজটা থেকে।

তবে মনেহয় ঠিক অবসর না। হয়তো সাজগোজ করে লোক হাসানো হবে নাহ, তবে এই হাসপাতালে রোগীদের খুশিতে রাখার দায়িত্বটা থেকে যাবে। আর আমার মনেহয় জোকার অবসর নিলেই তার সব শেষ হয় না, তাকে ভালোবেসে কিংবা তার মজার একেকটা দৃশ্যকে ভালোবেসে, তার কথাগুলোকে ভালোবেসে লোক আজীবন মনে রেখে দেয়,,,মনখারাপ হলেই সেগুলো ভেবে ভালো থাকার চেষ্টা করে। তাই মনেহয় এইভাবে অবসর হলেও হাজার-হাজার লোকের মন থেকে কখনোই আমি অবসরপ্রাপ্ত নই।

আজ সত্যিই কষ্ট হচ্ছে এই পোশাক এই সাজগোজ একেবারের মতো শরীর থেকে নামিয়ে দিতে।

তবে বললাম না, লোকের মনে এই সাজেই থেকে যাব আজীবন। সেই মেয়েটাকে জয়ী করে বেঁচে থাকবে এই জোকার সবার মনে।"

বাবার পিঠে মাথা রেখে দাঁড়ায় নীরব। চোখ তার বোজা। পাশে মনিকা ওর ঘাড়ে হাত রেখে।

হাততালিতে ফেটে পড়লো চারদিক। মাঠের কৃষ্ণচূড়া গাছ থেকে দুয়েকটা লাল ফুলের পাঁপড়ি পড়তে লাগলো বাতাসে দোলা লেগে। দূরে সাদা মেঘের ভেলা সরিয়ে উড়ছে পাখির দল।

আর ঠিক মঞ্চের এককোণে সেই সরল মেয়েটাকে দেখতে পায় দেবব্ব।

সেই একতোয়ালে করে শাড়ি পড়া মেয়েটা, লম্বা চুলের খোঁপায় করুই ফুল গুঁজে রাখা মেয়েটা। ঐতো শ্যামবর্ন গায়ের রঙ, মুখে সবসময় লেগে থাকা হাসি। হাতে জলেভেজা দুটো শালুক। যে মনে করে বুক পকেট টাকায় ভর্তি হলেই সুখ থাকে না, সুখ থাকে বুকপকেটে তারও ওপরে...অর্থাৎ ভালোবাসা থাকলে।

(সমাপ্ত)